Saint-Bénigne de Dijon

Les Cinq Basiliques

par l'Abbé L. Chomton

1923

Imp. Bernigaud et Privat — Dijon

ÉGLISE

demeure sacrée,
gîte mystérieux
de Celui que le ciel et le ciel des cieux
ne peuvent contenir,
quelle main pourra sans défaut
dresser ton plan, bâtir tes murs, poser ton faîte ?
quel génie te fera
belle et stable
pour des siècles ?

FELIX QUI VETERUM POTUIT SPECTAMINA RERUM
PAUCA SUB SÆCLI FUGIENTIS LUCE TUERI

Heureux les yeux
qui voient luire les vieilles choses,
sous leurs vrais aspects,
à travers l'ombre
des siècles qui fuient.

Saint-Bénigne

de Dijon

NIHIL OBSTAT

die 11a Septembris 1923.

Th. SAUVESTRE

c. d.

IMPRIMATUR

Divione, die 12a Septembris 1923.

Marigny, *vic. gen.*

Saint-Bénigne

de Dijon

Les Cinq Basiliques

par l'Abbé L. Chomton

1923

Imp. Bernigaud et Privat — Dijon

Des *Notes explicatives,* qui ont été demandées, et quelques *Planches,* sont à la fin du volume. Plusieurs lecteurs trouveront là les éclaircissements qu'ils désirent, et des renseignements qui sont de nature à les intéresser.

Les notes sont distribuées par ordre alphabétique.

Saint Bénigne, o généreux père,

Apôtre de notre province,

Glorieux martyr de la foi,

Protége avec amour tes fils en Jésus-Christ,

Du haut du ciel étends sur eux ta main puissante.

Prose de saint Bénigne.

Dulce Seni, pede cum graditur titubante, juvamen
Quæ vi naturæ præstat et arte Manus

A

Monsieur l'Abbé CHAUME

Merci

pour sa collaboration dévouée.

Saint-Bénigne

de Dijon

I

LA PREMIÈRE BASILIQUE

Au commencement du sixième siècle, Dijon, importante place militaire, renfermait deux parties distinctes mais concentriques.

Le milieu consistait en une forteresse, qui avait fait donner à l'ensemble le nom de *castrum*. Sur ce point, blotties les unes contre les autres, les habitations, les églises s'abritaient dans une enceinte de remparts, tracée en forme de carré aux angles arrondis, garnie de trente-trois tours et percée de portes vis-à-vis des quatre points cardinaux. Le torrent du Suzon, qui venait du nord et allait se jeter dans la rivière de l'Ouche au sud, distribuait, en passant, à la place et aux fossés l'eau nécessaire.

Hors des murs, à travers l'espace libre, parmi les arbres et les jardins, au bord du torrent, près des sources et des flaques ou *potets*, s'élevaient isolées ou par petits groupes des maisons, des basiliques : celles-ci églises ou chapelles construites près des tombeaux, quelques-unes même leur servant d'asile.

Dijon était né sous le règne du paganisme.

Attachée aux usages religieux, sa population primitive avait été réduite à des superstitions vaines, à des fêtes n'ayant d'autre horizon que celui des sens, si étroit pour l'homme conscient de sa dignité. Cependant, par l'effet de la culture romaine, s'étaient éveillées dans une élite de nobles aspirations préparant le terrain au christianisme. Des temples, idoles, sépulcres, il reste des épaves, richesse de nos musées. C'est surtout de la partie orientale de la ville moderne que proviennent les débris funéraires. Là était le champ des inhumations païennes, traversé par la grande voie qui menait de Lyon à Coblentz.

A l'heure voulue de Dieu l'Évangile avait lui sur la future capitale de la Bourgogne.

De Lyon, leur principal centre gaulois, les missionnaires partis d'Asie avaient étendu leur apostolat aux terres éduennes et lingonnes, où, grâce à leur prédication scellée du martyre, le sol s'était couvert de belles chrétientés. Saint Bénigne était venu fonder celle de Dijon, et le grain semé avait bien levé.

C'est pourquoi ce *castrum*, au début du sixième siècle, était dans le diocèse de Langres, auquel il appartenait, un lieu recommandable autant par la religion de ses habitants que par la solidité de ses murailles. L'évêque, saint Grégoire, s'y plaisait mieux qu'à l'intérieur de la cité où il avait son siège. Dijon lui offrait pour célébrer l'office pontifical l'église Saint-Étienne, bâtie dans l'enceinte fortifiée, et le prélat possédait, près de l'église et attenante au baptistère, une maison où il menait la vie commune avec son clergé. Le baptistère est devenu la petite basilique de Saint-Vincent, dont subsiste encore la cour ou *atrium*.

Des prédécesseurs de saint Grégoire avaient déjà préféré habiter Dijon plus fréquemment que Langres. Tel saint Aproncule, surnommé le dijonnais ; mais, contraint à l'exil pendant les troubles de l'invasion burgonde, il dut se faire descendre le long des remparts et gagna précipitamment Clermont, où se mourait son ami saint Sidoine, auquel il succéda. Tel encore, un peu plus tôt, saint Urbain, qui eut un épiscopat paisible et très fécond. Ses liens avec son séjour d'adoption furent si bien noués que la mort même ne put les desserrer. En exécution de ses dernières volontés, le vertueux prélat fut inhumé dans la basilique de Saint-Jean.

Les baptisés de saint Bénigne s'étaient fait un cimetière à l'opposé de celui des païens, à l'ouest du *castrum*, et la basilique cémétériale avait été dédiée en l'honneur de saint Jean-Baptiste. Elle n'était pas la seule qu'il y eût dans l'enclos funèbre : l'endroit s'appelait « Aux basiliques ». On y remarquait spécialement celle de sainte Paschasie, où était vénéré le tombeau de cette vierge, dont la vie et la mort avaient été un glorieux hommage à Jésus-Christ. Une autre vierge, sainte Floride, des époux modèles de la vie conjugale, saint Hilaire et sainte Quiète, avaient également là leurs tombes. Étaient-elles au sein d'une basilique particulière ou à Saint-Jean ? On ne le sait pas. Elles attiraient une pieuse affluence.

Mais il y avait surtout là une tombe d'un intérêt supérieur pour la piété locale et l'évêque saint Grégoire allait avoir à s'en occuper.

Saint Bénigne, l'apôtre du pays, était un des morts de ce cimetière.

Il reposait dans un grand sarcophage en grès, où il avait été enseveli après son martyre, et que l'on voyait au fond d'une crypte aux murs ébréchés, à la voûte crevassée.

Le tombeau était visité par la plèbe rustique, gens attachés au sol, descendants des premiers convertis à la foi. Dans ces cœurs s'entretenait la reconnaissante dévotion héritée des aïeux. Mais le monde de l'administration et des affaires, adventice et flottant, étranger aux traditions de famille des bons paysans, les laissait accomplir seuls le pèlerinage.

En arrivant à Dijon, l'évêque saint Grégoire, de race patricienne, se rangea du côté des gens comme il faut. Le peuple, à son jugement, attribuait par méprise à saint Bénigne le tombeau devant lequel il s'agenouillait et autour duquel il allumait des cierges. Un sarcophage de dimensions aussi fortes, descendu il est vrai dans une crypte mais resté en pleine ostension, ne répondait pas à la réserve qu'exigeait aux premiers siècles la sépulture d'un martyr.

Le sage pontife oubliait-il que jusqu'à Valérien les chrétiens eurent entière la liberté des sépultures ? En tous cas, quelles que fussent les raisons qui provoquaient ses doutes, il entendit des objections à sa manière de voir : on ne priait pas en vain au tombeau ; on y obtenait des faveurs extraordinaires, des miracles. Et les objections étaient présentées par des membres du clergé, qui partageaient le sentiment populaire et demandaient une autorisation de culte.

Inébranlable dans son attitude expectante, le prélat ne bougeait pas, proscrivait même les visites à la crypte.

Alors intervint d'en haut une influence persuasive. Dieu dont la providence est sans borne, envoya saint Bénigne auprès de saint Grégoire, et enfin se fit la reconnaissance ou *invention* du tombeau, impliquant l'institution liturgique du culte du martyr.

Le récit que nous possédons de l'événement vient d'une main telle que nous ne pourrions pas désirer mieux. L'auteur est un arrière petit-fils de saint Grégoire de Langres.

Avant d'être promu au sacerdoce, saint Grégoire avait gouverné Autun en qualité de comte, pendant près de quarante ans, et vécu dans les liens du mariage durant sa magistrature. Son épouse lui ayant donné plusieurs enfants le laissa veuf lorsqu'il achevait sa cinquante-sixième année. Or de Armentaria, petite-fille du saint prélat, est né l'auteur de notre récit, saint Grégoire de Tours, qui puisa dans l'éducation maternelle, avec le culte de son bisaïeul, un vif amour pour Dijon.

Voici le texte de Grégoire de Tours :

« Le martyr de Dieu apparut au saint confesseur, et lui faisant des reproches : Quelle est votre conduite ? dit-il. Non seulement vous me laissez dans l'abandon, mais vous n'avez point de considération pour ceux qui m'honorent. Cessez d'agir ainsi, je vous prie, et hâtez-vous d'élever sur moi un oratoire.

» Très ému de cette vision, le pontife se rendit humblement au tombeau saint, où il fit une longue prière mêlée de larmes, demandant pardon de son erreur.

» Par ses ordres et sans retard les ouvriers furent mis à l'ancienne crypte : habilement des murs neufs avec une jolie voûte rajeunirent l'édifice.

» L'œuvre terminée et le moment venu de transférer le corps saint, le prélat convoqua, pour accomplir avec lui ce pieux devoir, des abbés et d'autres religieux. Quand on fut rassemblé, le saint martyr accorda à l'évêque et à tous ceux qui s'étaient réunis pour le glorifier la faveur d'un grand miracle.

» Déjà fort pesant par lui-même, le sarcophage le devint alors par extraordinaire à un point tel que trois paires de bœufs n'eussent pas suffi pour le traîner. Après un arrêt très long, comme on ne trouvait pas le moyen d'aboutir, saint Grégoire fit allumer les cierges et entonner les psaumes, puis, prenant le sarcophage par l'extrémité tête, et deux prêtres qui marchaient devant lui soutenant l'autre extrémité, ils le portèrent aisément dans la crypte et l'y placèrent à leur gré.

» Un pareil prodige fit une très grande impression sur la foule ».

Les faits racontés datent de l'année 511. Le culte de saint Bénigne y trouva sa consécration solennelle et la source d'un développement rapide. Quelques années plus tard une occasion heureuse accrut encore le mouvement de piété. Dijon obtint la légende ou *Passion* du saint, où sont rapportés avec détail les supplices et la mort qu'il a fallu que souffrît l'apôtre, afin, suivant un mot célèbre, que son sang, sang de martyr, nous assurât la fécondité chrétienne. D'Italie aurait été transmis le précieux document, par l'intermédiaire des pèlerins de Rome.

Comme pour d'autres pièces hagiographiques, le texte primitif a été interpolé. On peut néanmoins essayer de situer dans un cadre historique, auquel les rattachent de sérieuses vraisemblances, les faits à retenir.

Sous la dynastie de l'empereur Septime Sévère, artificiellement apparentée par ce prince à celles des Aurèles et des Antonins, la grande voie romaine de nos parages fut, tout au début du troisième siècle et maintes fois subséquentes, parcourue par les légions, les cohortes prétoriennes, ayant à leur tête les chefs mêmes de l'empire ou des officiers d'élite. L'un des objectifs de ces marches militaires était d'inspecter le réseau des routes, de procurer la rapidité et la sécurité des expéditions, en multipliant les gîtes d'étapes, en créant des castels avec tours et murailles.

Dijon, *oppidum* nouveau et d'avenir, occupait, à quelques centaines de pas de la grande voie coupée en cet endroit par des routes importantes, un site que tous les géographes ont distingué comme appelant un relais. La ville naissante n'a pu manquer d'attirer l'attention des stratégistes et d'être pourvue de quelques ouvrages de fortification, premiers éléments du *castrum*.

Les travaux occasionnèrent l'arrêt et le séjour des troupes. C'était l'époque où saint Bénigne, contemporain de saint Irénée et son survivant, faisait à Dijon de nombreux prosélytes. La présence d'un chef d'armée, plus intéressé que le magistrat local au maintien du paganisme, détermina l'apôtre à s'éloigner un peu.

Malgré sa précaution, saint Bénigne fut dénoncé, traqué, saisi dans la villa d'Épagny et traduit devant le chef de passage sur les sentiments duquel il ne s'était pas trompé. La procédure habituelle eut son cours : interrogatoire, torture, emprisonnement, incitation pressante à prendre part à un sacrifice idolâtrique.

L'infrangible fermeté de la victime aiguisa la cruauté du juge. Celui-ci, pour en finir, livra le martyr aux bêtes, le faisant enfermer dans un cachot, le chenil peut-être d'une guette militaire, au milieu d'une meute de chiens. C'était en effet l'usage dans les établissements fortifiés de nourrir des chiens très ardents et d'un odorat subtil, afin d'être averti par leurs aboiements de l'approche de l'ennemi. Avant d'être jeté en pâture à ces animaux, le saint avait eu les doigts des mains percés d'alènes brûlantes, enfoncées sous les ongles, et les pieds plombés dans le creux d'une pierre.

Mais Dieu renouvela pour son serviteur, ainsi qu'il le fit pour beaucoup d'autres martyrs, le miracle de Daniel dans la fosse aux lions. Les bêtes laissèrent le saint intact, loin de le dévorer comme une proie.

Le juge, exaspéré et pressé de se remettre en route, commanda de transpercer de lances la poitrine de l'héroïque patient et de lui briser le crâne avec une barre de fer. Cette fois la couronne était prête et la puissance divine, qui venait de fermer la gueule des chiens, n'arrêta point le bras des bourreaux. L'ordre barbare fut exécuté sur l'heure et saint Bénigne rendit l'âme. Au même moment, une colombe blanche comme la neige fendit l'espace au-dessus du comble de la prison.

Après le départ du persécuteur, le corps sanglant de l'apôtre fut recueilli, lavé, embaumé et, à une courte distance de la prison, déposé dans un tombeau.

Tel est le fond que présente la Passion de saint Bénigne. Elle fournit souvent le thème de l'homélie adressée au peuple. Instruits officiellement des traditions qu'ils avaient contribué à maintenir et à répandre, les fidèles y attachèrent un prix plus grand. Ils redoublèrent de zèle pour les pèlerinages au tombeau, où les guidait désormais l'évêque lui-même. Que de fois saint Grégoire n'a-t-il pas réitéré la visite du jour de l'apparition !

Le vertueux pontife jouissait déjà, en récompense de ses mérites, de la présence sensible des saints : c'était la conviction de son arrière petit-fils. Celui-ci parle des veilles prolongées de saint Grégoire dans le baptistère contigu à sa demeure, la petite basilique de Saint-Vincent. Il y avait là, paraît-il, des reliques de « grands saints ». Un inventaire fait aux siècles suivants énumère les reliques de cette basilique. C'étaient, outre celles de saint Vincent, des reliques de sainte Marie, des saints apôtres Pierre, Paul et André, de saint Christophe martyr et de sainte Honorine vierge. Or Grégoire de Tours croit que ces grands saints apparaissaient au serviteur de Dieu et que, unissant leurs louanges aux siennes, ensemble ils glorifiaient le Seigneur. Avec une piété si haute, saint Grégoire aura entouré d'un culte fervent les reliques de saint Bénigne, après l'invention mémorable qu'il en a faite. De sa fidèle dévotion à cet égard il nous a laissé d'ailleurs un éloquent témoignage.

Un hommage encore était dû au martyr : la construction d'une basilique qui portât son vocable.

Saint Grégoire ne voulut pas laisser à un autre le soin de remplir ce devoir, qu'il comprit mieux que personne, et dont l'accomplissement lui parut le digne couronnement de son épiscopat. Déjà octogénaire il consacra à l'entreprise les restes de son énergie et, en l'année 535, eut lieu la dédicace d'une « grande basilique », dont le chevet recouvrait la crypte.

Afin d'animer cette église et de lui donner, dans des conditions excellentes, des lèvres pour louer Dieu, des mains pour distribuer l'aumône aux pauvres, le zélé pontife y adjoignit un monastère. Ayant réuni un groupe d'hommes tirés du siècle, de divers endroits, et bien résolus à servir Dieu, il les plaça sous la direction d'un prêtre du pays, en renom de sainteté, Eustade, qui les forma aux exercices et aux vertus de la vie religieuse. Ce fut le commencement de la célèbre abbaye de Saint-Bénigne, institution prédestinée à garder, durant des siècles nombreux, le tombeau du martyr.

Saint Grégoire n'omit pas de doter paternellement sa fondation et il préleva les dons concédés tant sur ses biens patrimoniaux que sur ceux de l'évêché.

Grande basilique... Ce mot de Grégoire de Tours est tout ce qui nous est parvenu, en fait de renseignement écrit, sur l'état de l'église du sixième siècle. L'aire où elle fut bâtie est, à raison de la surcharge des constructions successives, fort peu révélatrice.

Que put être cette église ? Assurément ce que furent les édifices religieux de l'époque, un grand bâtiment rectangulaire ayant son entrée principale au pignon ou front du couchant. On trouvait, en y pénétrant, d'abord une nef flanquée de bas côtés, anciennement dits déambulatoires ou portiques. Au delà de la nef, à l'autre extrémité, était aménagé le vaisseau transversal que nous appelons transept. Une abside, en hémicycle, appliquée au pignon ou front du levant, terminait l'ensemble. Sous l'abside et le transept régnait une crypte.

Dessinée par la nef et le transept, la croix figurait dans

le plan, mais la croix semblable au T, à trois branches, au lieu de quatre.

Sur trois côtés, à l'est, au nord et à l'ouest, la basilique était entourée de cours avec murs d'enceinte, qui recevaient toutes à l'occasion le nom générique d'*atrium*, mais servaient chacune à un usage particulier. L'*atrium* de l'est renfermait le cimetière des religieux ; celui du nord était le cloître, cour carrée avec un puits au centre et bordée de galeries couvertes. L'*atrium* de l'ouest, devant le portail, était l'*atrium* proprement dit, le lieu où s'assemblaient les pauvres, où se tenaient les fidèles en attendant l'office, où l'on concédait des sépultures honorifiques.

Au midi demeurait libre et sans clôture une portion du cimetière chrétien, que les constructions n'avaient pas envahie. La destination n'en fut pas changée et le peuple l'appela le cimetière de saint Bénigne, nom qui eut quelque retentissement dans l'histoire municipale de Dijon. C'est par ce cimetière que l'on accédait, de la ville, à la basilique et à l'abbaye. Circonscrit de trois côtés par le pourpris du monastère, il n'offrait d'amorce aux voies de communication qu'à l'angle sud-est, vis-à-vis Saint-Jean, et sur sa limite méridionale.

La partie la plus attrayante de la basilique était la crypte ou oratoire souterrain du chevet. Cette crypte comprenait une chapelle centrale, dite la *Confession*, et deux ailes. Chacune des ailes se trouvait sous l'un des croisillons du transept, et la Confession occupait l'espace intermédiaire, au-dessus duquel s'étendait, dans l'église haute, le sanctuaire avec son parvis : le chœur des religieux devait mordre sur la nef. Le terme de « confession » rappelait que reposait là le saint qui « avait confessé le Christ » donné de sa foi en Lui le témoignage du sang avec celui de la parole.

Dans la Confession, le sarcophage des reliques était placé au couchant, en long, et l'extrémité où était la tête du martyr affleurait la muraille. L'autel fut érigé aux pieds du saint, *ad pedes sancti*, disposition suivie ailleurs : à Saint-Germain d'Auxerre, à Saint-Denis.

L'hémicycle absidal contenait sans doute des sièges où

se mettaient les religieux, lorsqu'ils s'assemblaient là en chœur, les jours de fête du saint.

Pour son tracé, l'hémicycle du sépulcre actuel répond très probablement à l'hémicycle du sixième siècle. Mais l'emplacement du sarcophage à la même époque est recouvert par les pans coupés de la nef gothique. Deux fêtes se célébrèrent annuellement en l'honneur de saint Bénigne : la première, anniversaire de la passion et de la mort du martyr, le 1er novembre; la seconde, anniversaire de l'invention et de la translation des reliques, le 24 du même mois. En ces deux solennités, tant que le rit gallican fut en usage, c'est-à-dire jusqu'à Charlemagne, la Passion de saint Bénigne se lut à la messe, au lieu de la leçon tirée des épîtres de saint Paul ou immédiatement après cette leçon.

Vers 540, saint Grégoire mourut à Langres où il s'était rendu pour les fêtes de l'Épiphanie, et son corps fut ramené à Dijon. C'est dans la basilique par lui fondée que le prélat aurait dû, semble-t-il, avoir sa tombe. Or il l'eut auprès de saint Urbain, à Saint-Jean et sans doute par une attention providentielle. Car en cette église le tombeau du saint confesseur reçut une place d'honneur que ne lui eût pas offerte la basilique du martyr. Il fut mis d'abord à l'un des angles de l'édifice. Mais saint Tétric, fils de saint Grégoire et son successeur sur le siège de Langres, donna à l'église de Saint-Jean, d'un plan jusque là purement rectangulaire, une abside qui lui manquait. Puis réalisant le vœu filial qui lui avait suggéré cet embellissement, il transféra le corps de son père au centre de l'abside, à l'endroit réservé pour le principal tombeau saint, dans les basiliques dépourvues de chapelle souterraine.

La basilique de Saint-Bénigne ne fut pas déshéritée pour autant de l'avantage de posséder les reliques de son fondateur. L'heure où elle devait jouir de ce privilège n'était que retardée. Monument digne désormais du sépulcre qu'elle recouvrait, elle devint promptement un sanctuaire célèbre, visité des princes, enrichi de leurs offrandes et fréquenté d'une multitude de pèlerins. La crypte, gîte sacré, fut l'asile de beaucoup de tombes saintes, que l'on abrita sous la glorieuse égide de celle du martyr. D'autres tombes, moins privilégiées, obtinrent une place dans l'*atrium*.

Parmi celles-ci il en est une qui recueillit plus de larmes que d'honneurs, celle du maire du palais en Bourgogne vers 640, le franc Flaochat (Flaucat, Flocat) meurtrier de son rival, le burgonde Willebaud. Un prompt remords avait atterré le coupable, qui s'éteignit tragiquement.

Le culte de saint Maurice, qui revêtit tant d'éclat dans l'abbaye d'Agaune, eut un grand rayonnement dès le sixième siècle. L'illustre martyr a rencontré à Saint-Bénigne l'hommage le plus complet. L'autel majeur de la basilique porte le vocable de « Saint-Maurice et Saint-Bénigne ». Plusieurs documents très anciens énoncent le double titre, et d'ordinaire saint Maurice est nommé le premier. L'union des deux martyrs dans une commune vénération n'a pas cessé au cours des siècles. Généralement c'était l'apport d'une relique qui faisait doubler le vocable des autels, et des reliques de saint Maurice sont en effet mentionnées dans les inventaires du trésor de l'abbaye. D'autre part la « grande basilique » a pu être placée dès l'origine sous le double vocable.

La concurrence des deux patrons n'eut pas d'écho dans le langage populaire. La basilique fut appelée purement « Saint-Bénigne ». Cette église, dans l'estime universelle, tint le premier rang parmi toutes celles de la ville. Sa prééminence fut reconnue même de la collégiale de Saint-Étienne, église mère de la localité et pour les évêques comme une seconde cathédrale. Le fait eut pour « cause — écrivait, au début du dix-huitième siècle, l'abbé Fyot, auteur de l'Histoire de Saint-Étienne — le respect et la reconnaissance que toutes les églises de Dijon ont cru devoir rendre à celle qui avait l'avantage de posséder le tombeau et les reliques de saint Bénigne, qu'elles ont considéré comme leur apôtre. »

Oui, l'avantage réel de la basilique venait bien du tombeau saint qu'elle possédait. Pour celui qui avait là son sépulcre l'âme dijonnaise conservait une dévotion filiale, qui faisait affluer tous les membres de la famille. A ce sépulcre Dieu donnait lui-même de puissants appas, non seulement par les miracles accordés à la foi des pèlerins, mais par des faveurs en elles-mêmes d'un ordre plus élevé distribuées aux cœurs fervents : là, on obtenait un accroissement de ses vertus ; là, nous en allons voir un touchant exemple, on mettait le sceau à ses mérites.

Dans la crypte abondèrent peu à peu les sources d'édification. L'accroissement du nombre des tombes saintes y multiplia les intercesseurs à invoquer, les modèles à contempler. Le prêtre éducateur des premiers moines, saint Eustade, et son successeur, saint Tranquille, qui eut le titre d'abbé et était, au dire de Grégoire de Tours, revêtu du caractère épiscopal, avaient été l'un et l'autre inhumés auprès du patron de l'abbaye.

Saint Jacques, évêque de Toul, instruit des grandes choses que publiait la renommée sur le sanctuaire de saint Bénigne, désireux d'y prier pour sa sanctification personnelle, s'arrêta à Dijon en revenant de Rome, vers 767. Pendant ses oraisons dans la crypte, il lui sembla que le martyr l'élevait jusqu'au ciel et le rendait témoin de sa gloire. Au bout de quelques jours, il tomba grièvement malade et fit la mort la plus admirable, donnant à tous la conviction que son extase près du tombeau avait été le prélude de son admission parmi les élus. Naturellement les religieux lui firent partager les honneurs de la sépulture du martyr, en l'inhumant à côté de lui, dans l'aile septentrionale, où reposait saint Eustade.

L'affluence des pèlerins obligea de développer la crypte et d'en faciliter l'accès. On le fit avec d'autant plus d'empressement que l'on sentait le besoin d'y transférer, pour les placer sous une garde sûre, les tombes saintes du voisinage, menacées d'une profanation. Incessantes étaient les craintes excitées par les hordes sanguinaires qui désolèrent le pays à partir du huitième siècle.

Un oratoire de Sainte-Marie fut érigé au chevet de la basilique, vers le même temps.

Par des travaux, exécutés d'emblée ou à divers intervalles, l'édifice primitif fut ainsi prolongé au levant, sur une assez longue étendue, et le sépulcre ayant été, au moyen de baies et d'issues établies à propos, mis en communication avec le bâtiment neuf, une assistance nombreuse put être réunie près du corps du martyr et une grande quantité de malades purent être introduits.

De singuliers incidents, arrivés vers 840, autorisent à croire que l'aménagement indiqué était alors passé à l'état de fait, et que c'est ce qui permit au tumulte de la place foraine de troubler un moment le plus paisible séjour. Deux moines étrangers, ayant apporté d'Italie à Dijon des ossements qu'ils déclaraient saints, étaient parvenus à les faire déposer « auprès du tombeau de saint Bénigne ». Les prétendues reliques attirèrent beaucoup de monde. Mais bientôt des prodiges suspects les discréditèrent. Diverses personnes, en les vénérant, étaient agitées de convulsions, tombaient sur le pavé et recouvraient leur calme avec peine. L'affaire fit grand bruit. Les fidèles, par centaines, envahissaient le lieu saint et ne voulaient pas en sortir. On consulta le métropolitain, Amolon, archevêque de Lyon, qui recommanda d'enlever de l'église ces ossements inidentifiés et de les enterrer dans l'*atrium*. L'exécution de cette mesure rétablit l'ordre.

Pendant que la basilique prenait, à son chevet, des agrandissements opportuns, elle ne reçut pas sur les autres points les soins nécessaires ; les religieux laissèrent l'édifice se détériorer et une restauration générale s'imposa. Alors s'épanouit en plein une ordonnance nouvelle, inaugurant un nouveau stade dans l'histoire du monument.

La première basilique, œuvre de saint Grégoire, avait contribué surtout à faire fleurir à Dijon et à propager au loin le culte de saint Bénigne. A quel déploiement d'art aura-t-elle donné lieu ? Nul document particulier ne nous renseigne.

Au sixième siècle, les édifices avaient du décor surtout à l'intérieur. Comme support des arcades latérales entre la nef et les bas côtés, on préférait la colonne au pilier. Pour appuyer les extrémités des poutres du plafond posées en travers de la nef, on préférait encore un second rang de colonnes superposé au précédent. Mais ce parti luxueux fut rarement permis : plus fréquent fut l'emploi du pilier et même du bois au lieu de la pierre dans la partie haute.

Les parois étaient revêtues de feuilles de marbre ou ornées de mosaïques, ou simplement couvertes d'enduits avec peintures. A l'extérieur, ces églises mérovingiennes brillèrent d'un certain éclat lorsque intervenait quelque munificence royale : leur toit eut un reflet emprunté aux métaux précieux. Dagobert, à Saint-Denis, ayant déposé les trois martyrs dans l'abside de la basilique qu'il éleva en leur honneur, fit « couvrir cette abside d'argent très pur ». La « grande basilique » de saint Bénigne n'eut au dehors rien de cette magnificence, mais au dedans elle eut la décoration accoutumée, et le tombeau du martyr, couvert de riches draperies, orné d'une orfèvrerie fine, offerte par le roi Gontran, ne fut pas sans splendeur.

Un encadrement remarquable de ce tombeau fut la ceinture de malades qui l'entourait. Les uns à genoux, les autres couchés, ils attendaient l'accomplissement de l'oracle du Sauveur, promettant que ses disciples feraient les mêmes œuvres que Lui. Et quand quelqu'un était guéri, la foule accourait, se prosternait, faisait retentir haut et longtemps ses chants d'action de grâces. Ce qui se voit aujourd'hui dans nos sanctuaires célèbres s'est vu ici, lorsque, de sa tombe glorifiée, saint Bénigne acheva de remplir sa mission, en affermissant la foi chez le peuple où il l'avait fait naître.

II

LA BASILIQUE CAROLINGIENNE

C'est à l'un des successeurs de saint Grégoire qui ont le plus honoré le siège de Langres, que Dieu réservait le mérite de reprendre en sous œuvre la double fondation du bienheureux confesseur, de restaurer à Saint-Bénigne et l'église et la discipline. Sous Charles le Chauve se rencontra ce pontife, Isaac, pasteur véritablement saint, dévot à tous les grands sanctuaires de son diocèse, plein de sollicitude pour les foyers de vie religieuse, nombreux sur le sol lingon. La main d'un tel évêque était capable d'apporter, dans le monastère de Dijon, un relèvement matériel et moral, devenu nécessaire au neuvième siècle.

Ayant mesuré l'étendue de la tâche et préparé la réussite, Isaac se mit à l'œuvre, en 870.

Préoccupé des âmes avant tout, il commença par faire adopter aux religieux la règle de saint Benoît, et plaça à leur tête, sans préjudice pour l'avenir du droit d'élire leur abbé, deux hommes dignes d'une entière confiance : Bertilon, l'un de ses chorévêques, qui exerça les fonctions abbatiales et l'administration temporelle ; Saron, qui veilla aux intérêts spirituels. L'introduction de la règle bénédictine à Saint-Bénigne fut un fait si hautement apprécié de certains annalistes, qu'ils ont daté de 870, sans mention rétrospective, la création de l'abbaye.

Cependant le lieu saint n'attendit pas longtemps les ouvriers. Des travaux importants rétablirent la solidité, régularisèrent les aménagements, apportèrent l'éclat que permettait l'époque.

Bertilon stimula par son industrieuse activité la réfection de l'église. Charles le Chauve, intéressé à l'œuvre par les sollicitations de l'évêque, prêta son dévoué concours. En quelques années le but poursuivi fut atteint : Saint-Bénigne eut sa basilique carolingienne. Nous ignorons le jour et toute autre circonstance de la dédicace, qui ne put manquer d'être célébrée.

La restauration accomplie mit en plein relief l'ordonnance qui venait de germer et d'éclore dans le développement donné depuis un demi siècle à l'édifice. On distingua désormais dans un temple unique deux églises. Il y eut l'église majeure avec le vocable de Saint-Maurice et Saint-Bénigne. Il y eut, au chevet de celle-ci, en prolongement, l'église ou oratoire de Sainte-Marie. Sous l'oratoire de Sainte-Marie ainsi que sous les transept et absides de l'église majeure s'étendit la crypte dédiée à saint Bénigne.

Cette dualité d'églises appelle quelque explication.

Les travaux des années 870 et suivantes portèrent sur les constructions remontant à saint Grégoire et sur d'autres, qui les avaient peu à peu développées. Or, en élevant celles-ci dans l'intention de favoriser les pèlerinages et de procurer un abri commun aux tombes saintes du quartier des basiliques, on avait de plus satisfait un vœu qui se généralisait, non seulement dans les monastères, mais dans toute la chrétienté : une chapelle spacieuse avait été érigée à la Sainte Vierge. C'est un des principaux mérites des constructeurs carolingiens d'avoir, par l'érection du sanctuaire marial, doublé le pieux attrait des basiliques.

En 882, à Saint-Bénigne, au lendemain de la mort d'Isaac décédé en 880, est pour la première fois mentionné l'oratoire de Sainte-Marie. Mais ni la Chronique de l'abbaye, ni le nécrologe, aucun document n'attribue la création de cet oratoire au zélé pontife, honoré du seul titre de restaurateur. Il est donc juste d'en reporter la fondation au delà de l'année 856, qui est la première de l'épiscopat d'Isaac.

Un renseignement positif détermine l'emplacement. L'auteur de la Chronique, rappelant une donation de la veuve du comte Adémar, en 938, dit qu'elle se référait à « la chapelle de Sainte-Marie qui est érigée en ce monastère et appelée d'ancienneté la tête de l'église. » Au chevet donc, au meilleur endroit les moines avaient situé la cour de leur souveraine céleste. A cette place elle pouvait être plus ample, mieux appropriée à ses destinations diverses. Là se faisait la première des stations processionnelles, là s'assemblait en chœur à certains jours la communauté entière.

Là encore, sans nul doute, étaient exposées les reliques dites « du Saint Sauveur, de sainte Marie et autres saints ». Elles provenaient, pour une partie notable, du comte Adémar et de son épouse, qui en avaient fait don, vers 900, ainsi que des reliquaires et autres ornements assortis à la précieuse offrande. Il s'agit du comte par l'intermédiaire de qui Dijon reçut le corps de saint Médard. L'attribution de la fierte du saint évêque de Noyon à Saint-Etienne plutôt qu'à Saint-Bénigne fut un acte de sagesse, ménageant à la collégiale une ressource dont elle n'avait pas encore été pourvue, afin de fomenter la piété.

A Sainte-Marie de Saint-Bénigne fut surtout vénérée une des images dites Vierges carolingiennes, d'un type effectivement très répandu aux neuvième et dixième siècles. De cet âge même ne subsiste aucune statue, dit-on, et les plus anciennes que l'on voit du genre — telles sous nos yeux Notre-Dame d'Étang à Velars et Notre-Dame de Bon Espoir à Dijon — sont classées du onzième siècle ou du douzième.

Vers 1675, Dom Lanthenas, religieux de Saint-Bénigne, signalait dans l'église une vierge miraculeuse, transférée de son autel primitif à un autre plus accessible. « La sainte image de la mère de Dieu, écrivait-il, est une statue de bois qui représente la sainte Vierge assise dans une chaise et tenant sur son giron l'Enfant Jésus. Son antiquité nous est inconnue, mais il y a bien de l'apparence qu'elle appartient au huitième siècle ». Si ce n'est point là la Reine de grâce qui reçut les hommages de l'évêque Isaac, du comte Adémar et de sa femme, ce fut sa remplaçante autorisée, héritière de ses droits et de son prestige.

Les Vierges carolingiennes, statuettes la plupart en bois, quelques-unes en pierre, ont pour cachet la dignité et font valoir en Marie son plus haut titre, celui de Mère de Dieu. L'art est tout entier dans le rendu, simple mais expressif, des données dogmatiques. Reine, Mère de Dieu, la Vierge carolingienne est couronnée, siège sur sa cathèdre et tient sur son giron le Sauveur, qu'elle présente à nos adorations. La pose est la même que dans le groupe de l'Adoration des Mages, sujet très fréquent dans les peintures et bas-reliefs des premiers siècles. L'Enfant fait de la main droite le geste, couramment dit de la bénédiction : mais non, c'est plutôt de l'allocution. L'Enfant est la Sagesse, le vrai Salomon, le Maître dont tout chrétien est disciple : là est la pensée du sculpteur, là il adresse la nôtre. Dans la main gauche, l'Enfant porte soit un livre plié ou roulé, soit le globe du monde.

Celles qui restent de ces antiques images ont la plupart perdu leurs couleurs, sauf le noir, patine où peinture, quelques-uns de leurs membres et surtout leur parure la plus riche, l'Enfant. Mais, suivant un usage d'origine déjà lointaine, elles sont vêtues d'une chape de soie ou de drap d'or, royal manteau d'accord avec leur règne toujours reconnu.

La crypte actuelle garde quelque chose du tracé de celle du neuvième siècle, quelques assises d'une partie de ses murs.

Rien, dans les changements apportés par l'évêque Isaac ou avant lui, n'avait modifié l'état primitif de la Confession. Les ailes qui s'étendaient de chaque côté n'avaient rien de changé non plus. A cet ancien ensemble s'ajoutaient d'abord quatre absidioles — elles subsistent — rangées autour de la principale abside, mais établies sur des axes parallèles au grand axe. Plus loin, à la place de la rotonde qui ne fut bâtie qu'au onzième siècle, il n'y avait pas une cinquième absidiole, que demanderait un plan régulier, il y avait, réclamé par le besoin d'espace, un vaisseau rectangulaire allant jusqu'en face et au seuil d'une petite salle — elle subsiste aussi — construite antérieurement. Si une cinquième absidiole exista jamais, ce fut avant l'aménagement indiqué.

Aujourd'hui, dans la petite salle en question, on trouve fixée au mur la dalle funéraire de Turpéricus, moine du haut moyen âge, dont l'épitaphe dit délicatement : « Il se fit aimer de Dieu et des hommes ». Cette plate-tombe a été découverte en 1890, contre la muraille où on la voit, mais dehors, rompue et ne recouvrant plus d'ossements. Elle doit sa place à l'architecte qui a conduit la restauration de Saint-Bénigne au moment de la trouvaille. Il a voulu, heureuse inspiration, conserver une épave curieuse et procurer au nom du bon moine, à défaut de ses os, l'entrée du lieu saint. L'autel, en cet endroit, était dédié à saint Jean-Baptiste, au onzième siècle.

Originairement la construction a pu être la chapelle de la Sainte Vierge, qui aurait été située d'abord à un niveau semi-souterrain et reportée ensuite à l'étage supérieur. On a des exemples de chapelles mariales ainsi érigées aux pieds des martyrs, *ante pedes martyrum.*

Dans la basilique carolingienne c'est à l'étage supérieur qu'était l'autel de Sainte-Marie, et une série de travées, superposées à celles d'en bas, constituaient le corps de l'oratoire, relié directement à l'église majeure.

Le prolongement à double étage de la basilique remonte au neuvième siècle. Un doute sur ce point ne saurait résulter des travaux exécutés à la même place au onzième siècle par l'abbé Guillaume. La bâtisse, jusqu'à la hauteur de dix mètres, a été jugée antérieure aux constructions lombardes, vers 1750, du temps de Dom Plancher ; et récemment encore, en 1890, l'architecte diocésain a estimé plus ancienne que la rotonde la travée qui lui est contiguë à l'est.

Par suite des agrandissements carolingiens, l'église majeure s'enrichit de quatre absidioles, réplique au rez-de-chaussée de celles de la crypte. Le plan resta celui de la croix à trois branches. La perspective était profonde et intéressante, à raison de l'oratoire de Sainte-Marie, qui s'apercevait derrière la grande abside, à travers l'ajourement ménagé. Un clocher avec plusieurs cloches aura dû embellir l'édifice.

Dès le début du dixième siècle, c'est à Saint-Bénigne dans l'église majeure, que la piété dijonnaise eut à vénérer des reliques qu'elle n'avait cessé d'entourer d'hommages, mais pour qui la dévotion prit un nouvel essor à l'occasion de leur translation. Le corps de saint Grégoire, exhumé de Saint-Jean, fut distribué en deux parts égales, destinées une à la cité de Langres, l'autre au monastère de Saint-Bénigne. Les religieux regardèrent comme une faveur insigne l'acquisition de cette portion considérable des ossements du fondateur de la basilique. Le corps de saint Urbain quitta Saint-Jean dans les mêmes circonstances et fut donné entier à l'abbaye. Renfermées dans des châsses, ces précieuses reliques attirèrent un grand concours aux fêtes des deux pontifes, célébrées dans la basilique, celle de saint Grégoire le 4 janvier, celle de saint Urbain le 23.

Cependant le sanctuaire attitré des reliques fut toujours l'oratoire souterrain. La crainte des Normands et autres envahisseurs du pays avait déterminé l'exhumation et translation des deux saints évêques. Le même motif, un peu auparavant, avait fait prendre même précaution relativement aux saints époux Hilaire et Quiète, aux vierges sainte Paschasie et sainte Floride : leurs tombes avaient été transférées dans la crypte. Ainsi était entré en voie d'exécution le projet né à l'époque des premiers agrandissements carolingiens, projet tendant à faire de la crypte une catacombe dijonnaise.

La Confession de saint Bénigne et ses deux ailes, auxquelles se rattachaient les quatre nouvelles absidioles souterraines, constituèrent cette catacombe : région sacrée « réservée aux sépulcres des saints ». Ce sont les termes de la Chronique de l'abbaye. Là trouvèrent place, à la suite de saint Eustade, de saint Tranquille, de saint Jacques de Toul, les quatre corps saints qui vinrent grossir l'escorte du martyr.

Vers 878, des agresseurs de nom inconnu réussirent à

pénétrer dans l'abbaye et commirent des meurtres, avec on ne sait quelles déprédations. La bande sacrilège décapita l'abbé Bertilon et tua trois religieux. Ces quatre victimes de la fidélité à défendre le lieu saint parurent dignes d'être offertes à la vénération publique. Bertilon, qui terminait huit années d'un dévouement pastoral au-dessus de tout éloge en donnant sa vie pour son troupeau, fut inhumé « parmi les saints » dans l'aile méridionale. Chacune des deux ailes de la crypte renferma dès lors quatre corps saints et, afin de maintenir ces ailes accessibles aux pèlerins, le nombre des sépultures n'y fut pas augmenté.

Les trois religieux massacrés avec l'abbé durent en conséquence être déposés dans la nef d'agrandissement, qui devint une annexe de la catacombe.

Trois évêques de Langres ne tardèrent pas à y être inhumés :

Isaac, qui avait pris soin d'élire sépulture à Saint-Bénigne ; Argrimus, son deuxième successeur, qui descendit du trône épiscopal, afin de revêtir l'habit de pénitence dans l'abbaye, et y mourut saintement après deux années d'un généreux holocauste de lui-même ; Garnier, mort en 922, qui, pour récompense de son dévouement aux religieux et de sa piété envers leur patron, fut enterré devant l'autel du corps saint.

Une tombe encore se trouva mêlée aux précédentes, celle d'une sainte Radegonde dont le corps fut sans doute apporté par des fugitifs forcés de s'expatrier.

Au total, par suite des inhumations et des translations, l'église souterraine posséda donc seize saints, inestimable richesse. Saints avec quelle auréole ? S'il s'agit de l'auréole liturgique, trois noms seulement suivront celui de l'apôtre-martyr : sainte Paschasie, qui eut sa fête à Saint-Bénigne, le 9 janvier ; saint Eustade, qui eut sa fête au même lieu, le 31 janvier ; saint Jacques de Toul, qui eut sa fête en sa cathédrale, le 23 juin. Mais, cette explication donnée, gardons l'appellation traditionnelle décernée par le peuple à tous les membres de la noble phalange, et marquons seize saints.

Du spectacle offert comment ne pas être saisi ? Autour

du prêtre martyr, initiateur de la sainteté chrétienne à Dijon, quinze autres exemplaires de l'héroïsme des vertus l'environnaient comme autant de trophées et partageaient avec lui les hommages des moines et des pèlerins.

La jouissance paisible d'un sépulcre si glorieux et si propice, les religieux ne l'eurent cependant pas. Même en réalisant leurs aménagements, ils étaient en proie aux alarmes. On n'en avait pas fini avec les irruptions d'étrangers, ni avec les luttes intestines entre compétiteurs du pouvoir. Un sac de l'abbaye n'allait-il pas avoir lieu ? On ne s'ôtait pas de l'idée cette appréhension. Et comme en pareil cas — le meurtre encore récent de Bertilon y faisait penser — la sauvagerie s'attaque à ce qu'il y a de plus sacré, le corps saint ne deviendrait-il pas otage ou victime ? Retirer le précieux dépôt parut un devoir.

Deux fois les ossements de saint Bénigne furent transportés hors de l'abbaye : une première fois, jusqu'à Langres ; une seconde fois, à l'intérieur du *castrum*, dans la basilique de Saint-Vincent.

La tranquillité ne revenait point. Comme en beaucoup d'autres églises à la même époque, on prit le parti à Saint-Bénigne de cacher le corps saint, dans la Confession. La crypte ne perdit pas son trésor, mais elle le garda enveloppé d'un *martyrium munitum*, c'est-à-dire d'une construction propre à le soustraire absolument aux contacts et aux regards. Le caveau de sûreté dut être préparé sans difficulté. Il aura suffi, les ossements ayant repris leur place, d'élever du pavé à la voûte, au pied et de chaque côté du sarcophage, un mur amorcé à la paroi occidentale de la Confession. Dans le cloisonnement ni porte, ni fenestrelle. Ce fut la disparition totale, extrémité douloureuse, adoucie du moins par l'espoir de rendre dans la suite à la lumière le cercueil que l'on plongeait au fond des ténèbres.

Vers 940, l'ensevelissement était accompli. C'est le dernier événement relatif à la basilique carolingienne : elle allait bientôt être remplacée par une autre.

Au double point de vue structural et décoratif, la seconde basilique différa peu de la première. Il est probable qu'elle n'eut pas extérieurement le bel appareillage de certains édifices du neuvième siècle. Mais intérieurement elle a pu avoir un pavé en mosaïque, sur quelque point, particulièrement autour de l'autel de sainte Marie. Un renseignement positif apprend qu'elle eut des verrières. Nous devons de le savoir à ce que l'une de ces verrières représentait sainte Paschasie, suivant la tradition accréditée, au milieu des flammes où elle consomma son martyre.

La basilique carolingienne offre une bonne occasion de remarquer, et avec les raisons du fait, l'évolution qui s'est produite dans nos édifices religieux. Dans le principe, à part quelques rotondes, quelques églises octogonales, la généralité de ces édifices reçut la forme du classique rectangle que saint Augustin leur assignait comme type. Il y eut un seul corps de bâtiment. Ce plan primitif se développa bientôt.

Ainsi que nous l'avons vu pour Saint-Bénigne, ainsi qu'on put le voir en mille endroits, par suite de multiples circonstances : la présence d'un corps saint, l'affluence des foules, la concentration des tombes saintes, l'érection d'oratoires de la Sainte Vierge, il arriva que l'abside fut le germe de tout un groupe de bâtiments supplémentaires. Elle fut enveloppée de déambulatoires, d'absidioles, de travées : ensemble qui forma avec elle un deuxième corps de bâtiment, sensiblement distinct du premier.

Ce n'est pas, toutefois, que celui-ci ait de suite cessé d'être à l'honneur. Non, il resta généralement plus élancé, mieux fenestré, davantage monumental. Le nouveau, bien qu'il renfermât les trésors du lieu saint, la custode eucharistique et les reliques en vénération, eut un faîte moins altier et se contenta d'être plus riche. Ce n'est qu'au bout d'un temps, parfois assez long, qu'il haussa sa taille à l'égal de celle de l'ancien.

Alors s'effectua l'unité splendide de nos belles églises, où deux grands vaisseaux de même altitude se coupent régulièrement et dessinent la croix latine, à la fois dans l'ordonnance intérieure, au sein de l'édifice, et dans la silhouette extérieure, au milieu des airs.

III

L'ÉGLISE LOMBARDE

Les Clunisiens venaient d'arriver à Saint-Bénigne, 989, appelés par l'évêque Brunon de Rouci, lorsque dut être édifiée la troisième basilique, la vieille bâtisse menaçant d'écraser les ouvriers qui bouchaient ses lézardes.

A la tête de ces fervents ascètes se trouvait un religieux qui est devenu célèbre, Guillaume de Volpiano. La petite ville de Volpiano est située à vingt kilomètres au nord de Turin, dans le Canavese, district surnommé le Jardin du Piémont et ayant pour chef-lieu la cité d'Ivrée. Robert, père de l'abbé, était comte dudit lieu ; Périnza d'Ivrée, sa mère, était parente du feu roi de Lombardie, Adalbert d'Ivrée. L'abbé Guillaume fut du nombre de ces organes providentiels à haute mission sous l'action desquels, dans l'Église, les hommes et les choses reprennent tout l'éclat de la jeunesse. Ce n'est pas l'unique maison de Saint-Bénigne, ce sont, avec elle, trente ou quarante autres qui reçurent de cette grande âme une impulsion vigoureuse vers les cimes de la perfection chrétienne.

En même temps qu'il réformait des monastères, l'abbé Guillaume construisit un très remarquable monument. Dans l'histoire de l'art structural, il a un nom.

Devant la nécessité de remuer les pierres, il n'hésita nullement. Aidé du concours de Brunon, il se mit à l'œuvre. L'évêque fournit de l'argent et une grande quantité de colonnes en pierre ou en marbre, cherchées un peu partout. L'abbé employa son talent magistral à diriger les travaux. Avec un art souverain, a écrit son biographe, Raoul Glaber, il dressa le plan de l'édifice, préoccupé d'élever le plus admirable sanctuaire qu'il y eût en deçà des Alpes.

L'abbé Guillaume commença à rebâtir la basilique entouré de nobles sympathies. A l'appui que lui prêtait l'évêque s'ajoutait la faveur rencontrée chez le duc de Bourgogne, Henri le Grand. Un dévouement sans réserve lui était témoigné par un de ses parents du côté maternel, Otte Guillaume, fils du roi Adalbert d'Ivrée. Otte Guillaume était à la fois comte héréditaire de la Franche-Comté, en vertu des droits qu'il tenait de Gerberge, sa mère, et fils adoptif du duc, par le fait que Gergerbe s'était remariée avec ce prince. Il agréait généreusement le titre et les fonctions d'avoué du monastère.

Mais le succès facile que semblaient garantir ces circonstances fut tout à coup compromis.

La première pierre des constructions nouvelles avait été posée le 14 février 1001. Or le 15 octobre 1002, le duc Henri le Grand mourut, ayant institué par testament Otte Guillaume héritier du duché. Le neveu du duc, qui était Robert, roi de France, prit aussitôt contre son rival des armes qu'il ne déposa qu'au bout de plus de douze années, lorsqu'enfin il obtint gain de cause. Cette guerre fut pour les chantiers de Saint-Bénigne une source trop féconde de périls et d'entraves.

Au jour de la dédicace de l'édifice, se souvenant des angoisses du passé, l'abbé Guillaume rappela « en quelles circonstances épineuses, à la lueur de quels incendies, il avait dû reconstruire le monument dédié en l'honneur de saint Bénigne. »

Cependant il ne laissa pas de suivre, de pousser même les travaux, en dépit des difficultés. Au sein de l'épreuve, Dieu lui accorda une consolation.

En arrivant de Cluny à Dijon, il s'était informé avec le

plus vif intérêt de l'endroit où gisait le corps du martyr. Pas un moine de la résidence, personne au dehors du couvent, n'avait pu le lui apprendre. Il en était affligé et inquiet. Lorsque l'équipe d'ouvriers fut introduite dans le sanctuaire de l'église majeure, au début des travaux, le résultat des premiers coups de pioche fit tressaillir l'abbé. Sans tarder en effet les hommes, creusant le sol, atteignirent le *martyrium munitum* et en crevèrent la voûte. Voici le récit d'un témoin, Raoul Glaber.

« On eut alors sous les yeux le très grand sarcophage en pierre, qui contenait le corps du martyr et au sujet duquel saint Grégoire de Langres montra une incrédulité dont il fut repris sévèrement. Ce sarcophage était enfoui, à une grande profondeur, devant l'autel principal du monastère. L'abbé, l'ayant fait ouvrir, eut le bonheur de constater la présence des ossements sacrés et, sur le crâne, fut reconnue la fracture produite par un coup de barre de fer, conformément à ce que rapporte la Passion du saint. Les ossements manipulés furent renfermés tous en leur sarcophage, qu'on laissa en place pour le moment. Dans la suite l'abbé, accompagné des grands dignitaires ecclésiastiques et civils, auxquels s'était jointe la multitude des fidèles, transféra le tombeau un peu plus loin au levant et le plaça sous un superbe et incomparable mausolée ».

L'auteur indique, comme point de repère du lieu de la découverte, le maître-autel. C'est du sein de l'église majeure, du sanctuaire où ils travaillaient, que les ouvriers parvinrent au sarcophage. Ils le trouvèrent sous le pavé,à une grande profondeur, mais évidemment dans un caveau dépendant de la crypte, puisque c'est dans la crypte, dans la Confession même, que, après un laps de temps, il échangea la place où il avait été découvert et laissé, contre une autre choisie à une courte distance, au levant.

Ces précisions établissent que c'est bien au couchant de la Confession qu'était le *martyrium munitum* et, très probablement, l'emplacement donné au tombeau par saint Grégoire, le jour de l'invention et translation du corps saint, en 511.

A la fin de 1015, Otte Guillaume, las d'une division sanglante et stérile, se désista de ses droits testamentaires et Robert, ayant recueilli le duché, le donna à son fils Henri.

Pendant les années 1016 et 1017, dont le cours fut paisible, l'abbé mit la dernière main à son œuvre. Brunon, l'auxiliaire fidèle, mourut au commencement de 1016. Mais le monument était debout.

Ce monument continua d'offrir, accentuée même, la dualité d'églises. Le 30 octobre 1017, l'évêque Lambert, successeur de Brunon, consacra l'église de Saint-Bénigne, réservant pour une autre date la dédicace de celle de Sainte-Marie. Assistèrent à la cérémonie quantité d'évêques, d'abbés, de personnages ecclésiastiques et civils, appartenant à la Bourgogne et à diverses provinces. Le concours fut d'autant plus nombreux que la solennité impliquait la translation des reliques du martyr. Le corps saint passa alors dans l'hémicycle de la Confession, à la place où gît maintenant, semblable à une dalle, le fond du sarcophage.

Une reconnaissance digne du bienfait fut hautement témoignée le surlendemain. Le 1er novembre ramenait la fête particulière du martyr en même temps que la fête générale de la Toussaint, qui s'était répandue dans tout l'Occident, après 835. Il y eut une foule extraordinaire au sépulcre nouveau, où la magnificence de la décoration répondait à l'ardente piété des cœurs.

Dans la Confession au onzième siècle, l'espace était plus libre et la voûte plus élevée qu'aujourd'hui. Un caveau surmonté d'une tombe avait été construit pour renfermer et recouvrir le sarcophage, qui contenait la fierte des reliques. Sur la tombe, aux quatre angles, étaient posées des colonnes de marbre et, entre ces colonnes, couronnant tout le dessus du sépulcre s'élevait une *abside* monumentale. Par le terme abside est ici désigné un édicule en bois, ayant un mètre et demi de large et près de quatre mètres de haut. Des plaques de métal où abondaient l'argent et l'or, revêtaient le bois et présentaient, en ciselures, les tableaux de la Nativité et de la Passion de Notre-Seigneur Jésus-Christ.

Ces sujets rappelaient que la venue du Sauveur en ce monde avait été manifestée à Dijon par saint Bénigne et que l'apôtre, non content de prêcher la Passion du Rédempteur, avait, en disciple exemplaire, suivi son Maître jusque dans le sacrifice de la vie au milieu des tourments.

Au printemps de 1018, le 13 mai, l'évêque Lambert consacra la seconde partie de la basilique, l'église ou oratoire de Sainte-Marie. Le 13 mai est l'anniversaire, inscrit au martyrologe, de la dédicace , en 609, par le pape saint Boniface, du Panthéon romain devenu depuis ce moment l'église de Sainte-Marie aux martyrs. Le rayonnement des grandes choses leur fait associer les petites, quand celles-ci ont avec elles quelque peu d'analogie. Telle semble avoir été la raison du choix du 13 mai pour consacrer l'oratoire de Sainte-Marie de l'abbaye dijonnaise.

L'édifice Guillelmien fut d'un style précurseur du roman, du style « lombard », dans les principes duquel il entrait de maintenir la couverture basilicale en bois sur les vaisseaux les plus larges et les plus élancés, et d'y associer la voûte en pierre, sur les parties mieux accessibles à cette charge. Le 30 octobre 1017, à la fête de la dédicace de l'église majeure, l'abbé Guillaume fit remarquer aux assistants à quelle belle altitude, vingt mètres, s'élevait le faîte du nouveau temple. Mais ce faîte se composait de longues poutres posées en travers de la nef et de tout l'assemblage de fermes de charpente. Chacun des collatéraux était divisé en deux nefs, et les quatre petites nefs étaient voûtées en pierre. La tour du chœur des religieux, au carré du transept, clocher principal du monastère, était également voûtée, probablement d'une coupole sur trompes, semblable aux coupoles à peu près contemporaines de Saint-Vorles, à Châtillon-sur-Seine, et de Saint-Fal, à Bretenières, village peu éloigné de Dijon.

Au nombre de quarante, les piliers n'étaient pas tous de force égale et, dans les plus forts, la partie haute, sous les retombées des arcades, aux quatre angles, logeait des colonnes monolithes de divers modules. Ainsi les gros piliers revêtaient quelque parure et affinaient le sommet de leur massif. Ce ne devait pas être sans charme : la colonne, même en pierre à peine dégrossie, est toujours dans la bâtisse un joyau.

Élevée sur le plan de la croix à quatre branches, l'église majeure eut son sanctuaire dans la branche supérieure de la croix, et le chœur des religieux à la croisée, où les quatre branches se rencontrent.

Devant la principale entrée du chœur des religieux, à une distance convenable au milieu de la nef, était érigé un autel dédié à la Croix. Là était arboré le grand Crucifix, objet d'adorations ferventes. Dans toutes les églises autrefois le Crucifix de la nef fut entouré d'une dévotion marquée. On l'appelait « le Mât du vaisseau ». Autour de lui se groupaient les fidèles enlaçant leurs bras, attachant leurs lèvres à ce bois sacré. Le grand Crucifix de Saint-Bénigne fut réputé miraculeux. L'autel de la Croix était le rendez-vous, les dimanches, des habitants du voisinage, serviteurs de l'abbaye la plupart. Ils assistaient à la messe matutinale, célébrée à cet autel, et entendaient une instruction que leur adressait un religieux.

Entre l'autel de la Croix et les grandes portes, vers le bas de la nef, un large escalier plongeait dans le sous-sol, conduisant à la crypte. C'était le résultat d'une innovation. L'abbé Guillaume voulut en effet que chacune des deux parties principales du temple eût sa crypte. En conséquence, affectant la nef basse carolingienne à Sainte-Marie, il créa sous l'église majeure une nef souterraine, qui, avec la Confession et ses ailes, forma un oratoire traçant le T. Ce fut l'oratoire spécialement dédié au martyr, dont il contenait le sépulcre.

A raison de la translation du corps saint dans l'hémicycle de la Confession, l'autel avait été transporté *ad caput*, à la tête du saint. Il était appuyé au tombeau que surmontait la somptueuse *abside* aux colonnes de marbre et aux reflets métalliques.

Ce qui a fait la haute réputation de la basilique lombarde, c'est la seconde partie du monument, l'église de Sainte-Marie, heureusement la mieux connue. Cette église annexe engloba toute la construction du levant. La nef carolingienne à double étage dilata ses flancs, devint une rotonde, reçut un troisième étage et ne garda du plan précédent qu'un appendice rectangulaire, réservé aux autels. Quatre oratoires furent compris dans l'ensemble : à l'étage souterrain, l'oratoire de saint Jean-Baptiste ; à rez-de-chaussée, le sanctuaire principal, celui de la Sainte Vierge; au troisième étage, dans la partie ronde, l'oratoire de la sainte Trinité, et dans l'appendice correspondant mais à niveau surélevé, la chapelle de Saint-Michel.

Patronne titulaire de la rotonde, la Mère de Dieu y paraissait siégeant en reine sur sa cathèdre, élevée en quelque sorte avec son Fils sur le pavois, par le saint Précurseur, et couronnée de gloire par l'auguste Trinité. En marge du tableau, en vedette du côté de l'orient planait le prince de la milice céleste. Composition mystique vraiment belle, attribuée jadis moins à l'ingéniosité humaine qu'à une inspiration divine.

La rotonde a vécu longuement. Elle n'a été mise à bas que par le vandalisme en 1792. L'attentive Providence nous en a gardé l'étage souterrain, l'aire vénérable où tant de générations imprimèrent la trace de leurs genoux, où à notre tour nous ployons les nôtres. La démolition de ce quadruple sanctuaire a été littéralement exécutée pour les trois oratoires supérieurs. Celui du sous-sol fut seulement comblé et enterré comme un mort. L'ensevelissement a duré plus de soixante ans, jusqu'à ce que, non pas le bœuf instrument privilégié des pieuses récupérations, mais des chevaux, dans l'écurie qu'on leur avait bâtie sur l'emplacement de la crypte, eussent, par leurs piétinements, produit une fissure aux voûtes et donné l'idée d'un déblaiement suivi d'une restauration dont nous sommes bénéficiaires. D'aucuns avaient cru mettre fin à la sainte épopée du monument : Dieu merci, il en reste assez pour qu'elle ait repris son cours.

Dans la crypte actuelle, la principale pièce est l'étage inférieur de la rotonde, qui a retrouvé, peu s'en faut, sa physionomie native : derrière l'autel, d'érection récente. devrait venir, non une porte, mais une arcade. Quarante-huit colonnes monolithes y forment trois cercles concentriques : huit appartiennent au cercle du milieu, seize au cercle intermédiaire, vingt-quatre à celui du pourtour. Les deux nefs circulaires sont voûtées à une élévation de cinq mètres. Sur la nef inférieure règne un berceau ou voûte en demi-cercle, entrecoupé huit fois par la voûte d'arêtes ; sur la nef supérieure, un berceau continu.

Au centre, les modernes restaurateurs ont posé une voûte en calotte avec lanterne vitrée. A l'origine ce milieu restait béant depuis le sol jusqu'au comble. Là-haut seulement, à vingt mètres d'élévation, une petite coupole avec ciel ouvert couronnait un échafaudage de vingt-quatre colonnes, distribuées huit par étage, les plus élevées portant encore huit piliers : gracieux étayage où se dessinaient trente-deux arcades.

Du fond de la rotonde, le regard en embrassait toute l'ordonnance et admirait, dans un bâtiment unique, la réunion ascendante des trois oratoires de saint Jean-Baptiste, de Sainte-Marie et de la Trinité.

Si la vue se tournait vers le couchant, elle apercevait dans l'hémicycle de l'autre crypte le tombeau de l'apôtre, avec son pavoisement magnifique et ses promesses de bénédiction. Le grand cercle des colonnes de l'oratoire de saint Jean-Baptiste contenait vis-à-vis le tombeau, en face de l'entrée du caveau sépulcral qui avait de ce côté son unique ouverture, deux colonnes isolées, formant comme un péristyle.

Ces colonnes subsistent. Les chapiteaux sont frappants. C'est de l'art décoratif encore dans les langes, d'une barbarie extraordinaire, mais d'une rare énergie. Le sujet est superbe. Sur un fond qui est un fouillis d'animaux, sorte de nappe mystérieuse comme celle où saint Pierre eut la vision de la gentilité en train de se convertir, se détachent les quatre êtres ailés symboles des évangiles et de leurs auteurs. Idée géniale, témoignage exquis de reconnaissance d'avoir arboré ces tableaux près des reliques du prêtre martyr qui de la gentilité dijonnaise fit une population chrétienne. Ces énigmatiques chapiteaux saisissent l'attention des visiteurs, des archéologues surtout. Et justement : antiques trophées, vénérables hiéroglyphes, il y aurait crime à les renverser, coupable indifférence à ne pas lire leur secret, c'est-à-dire ce glorieux hommage qu'ils sont à saint Bénigne, cette solennelle action de grâces qu'ils sont à Dieu, pour l'événement le plus considérable de l'histoire de Dijon.

Des escaliers à vis, dans deux tours attachées aux flancs de la rotonde, conduisaient de la crypte à Sainte-Marie et à la Trinité.

A Sainte-Marie, l'aspect était le même qu'à Saint-Jean-Baptiste. Quelques fûts de marbre donnaient aux colonnades un peu d'éclat. Layeurs et sculpteurs avaient dans le travail mis davantage la main. Sous une triple arcade, au levant, des marches de marbre blanc servaient de seuil au sanctuaire. A droite et à gauche une petite absidiole en encorbellement contenait un autel latéral. L'auteur de la Chronique appelle le sanctuaire de Sainte-Marie « la chapelle de marbre ». A la suite des marches signalées il y eut en effet, devant l'autel, un pavé en mosaïque, dont il existait des restes en 1792. D'après des croquis et quelques morceaux recueillis par des amateurs, les dessins représentaient des fonds losangés, des lions affrontés, des oiseaux : genre d'ornementation fréquent dans les anciennes étoffes orientales et appliqué de très bonne heure, en Europe, à divers ouvrages. Le travail était barbare et il est présumable que, pour une part au moins, il remontait à l'époque des constructions carolingiennes.

L'oratoire de la Trinité avait une élévation de dix mètres, double de celle de chacun des étages qu'il surmontait. Avec les huit colonnes haussées d'autant de piliers, qui faisaient partie de l'échafaudage central, il en contenait encore vingt-deux appuyées au mur de pourtour et ayant sous leurs bases un même soubassement continu. Ces vingt-deux colonnes portaient une voûte en quart de cercle contrebutant la petite coupole et ses étais. Le système du voûtement maçonné n'avait pas rencontré ici les mêmes obstacles que dans l'église majeure. Le diamètre de la rotonde étant de dix-huit mètres et demi dans œuvre, la plus grande largeur à couvrir n'excédait pas six mètres.

Tandis que les autels de saint Jean-Baptiste et de la Sainte Vierge étaient au levant, dans l'appendice rectangulaire, celui de la sainte Trinité était au couchant, contre l'abside ajourée de l'église majeure, afin que, vu de tous les points de cette église même, il y répandît partout le rayonnement de la majesté divine. C'était le commentaire, au moyen des choses, d'un passage du psaume soixante-septième : « Frayez le chemin à celui qui monte et vient sur le couchant, le Seigneur est son nom ». Le psaume représente Dieu, pendant la dure traversée du désert, marchant à la tête de son peuple sous la figure de l'Arche. Et, dans la conquête évangélique, c'est au couchant, sur les bords de la Méditerranée et vers Rome, que Dieu, cherchant son siège, a porté son regard et ses pas.

Par toutes les dispositions prises, l'oratoire de la Trinité élevait à la contemplation de la Divinité. La forme ronde n'était pas sans portée, car — c'était sû au moyen âge — le cercle, figure où l'on ne voit ni commencement ni fin, évoque la pensée de l'Etre éternel. L'éclairage, timide dans la crypte, abondant au rez-de-chaussée, devenait en haut triomphal, parce que Dieu est la lumière infinie. Saint Paul, ravi au troisième ciel, avait son autel en ce troisième oratoire. Ces agencements, dus à une piété naïve, prouvent combien alors la vie chrétienne était avec Dieu et les saints une vie de famille, comment la pensée gravitait vers son vrai centre, l'Infini.

A l'étage supérieur, l'appendice, disjoint de la partie ronde, établi à un niveau surélevé, rendu accessible par une double rampe montant de chaque côté de l'autel de saint Paul, formait la chapelle de saint Michel. L'autel occupait une abside en hémicycle, mais dans une tour qui surmontait le front oriental de la basilique. A ce point culminant, dans cette tour, l'archange paraissait aux religieux remplir en faveur de l'abbaye l'office du veilleur dans la guette.

Sous des formes rudes, lourdes, des aspects de forteresse plus que d'église, la basilique lombarde eut les éléments fonciers du beau : l'ordre, la richesse de l'idée, la somptuosité des agrès et des aménagements. Des avantages dont on était sobre à l'époque lui furent donnés sans parcimonie. La galerie intérieure au pourtour des murs dite *triforium*, le chemin de ronde autour des toits reçurent un large développement. Le moine qui a décrit l'édifice conclut par cette récapitulation : trois cent soixante-et-onze colonnes, cent vingt baies d'éclairage, huit tours, trois grandes portes et vingt-quatre petites. Ces chiffres parlent.

Dijon conserve du constructeur, du vénérable abbé Guillaume, un souvenir impérissable. La ville gardienne de son tombeau est Fécamp, où il mourut le 1er janvier 1031, dans le monastère de la Trinité, qu'il avait réformé. Les cendres de son parent, le comte Otte Guillaume décédé un peu avant lui, reposent à Saint-Bénigne, transférées de l'*atrium*, lieu de la première inhumation, à l'angle du cloître, voisin de l'abside du collatéral nord.

L'abbé Halinard, successeur immédiat de l'abbé Guillaume, d'une maison noble qui paraît avoir compté la terre de Sombernon parmi ses domaines, fut promu au siège épiscopal de Lyon en 1046 et eut échangé la Crosse contre les Clefs, si son humilité n'eut fait échouer les démarches des Romains en faveur de son élection. Ce nom plane glorieusement sur Saint-Bénigne. Halinard dut s'occuper, non de l'église même, mais du cimetière. Il sut maintenir en face de prétentions adverses, les prérogatives de ce terrain commun des sépultures de la ville. Le succès qu'il obtint fut applaudi des habitants du Bourg, riverains du Suzon. Sans rien perdre de son caractère sacré, le cimetière de Saint-Bénigne formait pour les gens de ce quartier, pour tous les hommes étrangers à la noblesse mais de condition libre, une sorte de place communale, où ils causaient ensemble des intérêts de leur classe. Là était leur Dijon. Ils se sentaient chez eux sur ce sol où dormaient les générations passées, sur ce reste du « champ des basiliques » d'où émergeaient çà et là les vieilles tombes, champ qui nous a livré à nous-mêmes d'intéressantes épaves, comme la pierre tumulaire de la jeune Florentia, recueillie au pied d'un contrefort de l'église Saint-Jean et déposée au musée archéologique. Sur cette pierre on voit, non sans émotion, le monogramme du Christ, enrichi de l'*alpha et oméga*, signifiant l'éternité divine, et à côté la palme ou branche d'olivier.

Après moins d'un siècle d'existence, la très belle basilique lombarde subit les atteintes de la destruction. Vers 1100, la tour du chœur s'écroula tout d'un coup, écrasant dans sa chute huit personnes, quatre religieux et quatre serviteurs. Heureusement l'église majeure fut seule victime du sinistre : la rotonde demeura intacte et la crypte, asile du corps saint, n'essuya aucun dégât.

En déplorant le désastre, on remercia Dieu d'y avoir mis des limites, et l'on se hâta de relever les ruines. Pour accomplir la tâche se rencontra une main habile et ferme. Le monastère était gouverné par Jarenton, fils d'un seigneur du Viennois, élevé à Cluny et profès de cette maison après avoir été un moment soldat. Ame de feu, ne comprenant pas qu'un moine ne fût pas un saint, il fut appelé à bon droit un second Guillaume. Trois fois légat des papes Grégoire VII et Urbain II, il concourut au rétablissement de l'indépendance de l'Église.

Assoupli par la discipline monastique, cet esprit qui hantait les sommets, descendit sans peine aux préoccupations d'ordre matériel nécessaires.

IV

L'ÉGLISE ROMANE

Le 16 février 1107, la ville de Dijon était en fête. Elle possédait l'hôte le plus illustre, le chef de la chrétienté, Pascal II, qui dans ce jour consacra, à Saint-Bénigne, l'église majeure. L'édifice ne portait plus trace des plaies reçues six années auparavant ; il avait repris la parure de sa tour centrale, même avec certains avantages : l'art de la construction faisait alors de rapides progrès.

Italien d'origine, élevé à Cluny, le pape Pascal II avait embrassé la vie monastique dans la célèbre abbaye : des liens l'unissaient donc à Jarenton. De plus il n'était pas fâché de voir celui qui avait si bien secondé ses prédécesseurs, surtout Grégoire VII, dont il suivait la marche à propos des investitures. Le voyage qu'il accomplissait le conduisait à une conférence où étaient attendus les ambassadeurs du monarque allemand, Henri V. Il n'y avait pas à se fier à des hommes n'ayant d'autre morale que celle de leurs intérêts. Avant de les rencontrer, le pape cherchait en Bourgogne, en France, au sein des monastères et des cours, de quoi s'aider à défendre les droits du Saint-Siège et la liberté ecclésiastique contre un despotisme opiniâtre et perfide.

Cette apparition de Pascal II à Saint-Bénigne coïncide donc avec la lutte entre le sacerdoce et l'empire, avec la résistance opposée par l'Église aux empiètements du pouvoir civil. C'est l'âme pleine de ces graves pensées que le souverain pontife pria devant le tombeau de l'apôtre martyr de Dijon ; c'est de ces grands desseins qu'il s'entretint avec l'abbé gardien du vénéré sépulcre.

A la dédicace de 1107, lorsque dans l'autel nouveau eurent été replacées les saintes reliques, le duc Hugues II renouvela ses engagements en faveur de l'abbaye et il en déposa l'acte, mis d'ordinaire sur la pierre sacrée, dans la main du pape. Ce lui fut une satisfaction intense de rendre cet hommage au vicaire de Jésus-Christ.

Jarenton mourut à Dijon, où s'écoulèrent ses dernières années. Il fut enterré au milieu de la salle capitulaire, la première des salles basses du bâtiment conventuel encore debout, au nord de l'église. Cette salle est devenue, par suite de l'exhaussement moderne du préau, un souterrain, une cave ; la dalle de marbre noir qui recouvrait la fosse a été enlevée ; c'est dans l'effacement absolu que dort le grand moine. Sa mort arriva le 10 février 1113.

Vingt-cinq ans plus tard, Saint-Bénigne et la ville entière furent plongées dans une extrême affliction. En 1137, la veille de la fête des saints apôtres Pierre et Paul, éclata un incendie, qui prit des proportions inouïes. Ce fut un véritable ouragan de feu — le terme est emprunté aux vieux récits. Églises, palais, demeures des particuliers tout faillit disparaître complètement. C'est à la suite de l'horrible désastre que Dijon, renaissant de ses cendres, reçut sa grande enceinte de murailles, et sacrifia celle du *castrum* dont les ruines servirent de carrières. Mais les nouveaux remparts, lentement construits, n'enveloppèrent l'abbaye qu'au quatorzième siècle.

L'année 1137 était la huitième de l'abbatiat de Pierre de Genève, un religieux de noble extraction, un lettré, un saint. Membre d'un monastère du diocèse de Lyon, au moment de son élection par les moines dijonnais, il avait été obtenu grâce à l'intervention de saint Bernard auprès du métropolitain. Le duc Hugues II lui portait une vive affection. Accomplissant un pèlerinage à Saint-Jacques de Compostelle, le prince, persuadé « que cet homme juste et saint serait sa compagnie la plus utile », voulut l'avoir dans le cortège ducal.

Pierre de Genève s'empressa d'ouvrir des chantiers, afin de réédifier le temple du Seigneur. La rotonde et toute la région absidale de l'église majeure avaient résisté aux flammes comme, quarante ans plus tôt, aux avalanches de pierre de la tour écroulée. Il semblait qu'une main puissante, jalouse de conserver aux siècles à venir le meilleur du monument, conjurât les fléaux et arrêtât leurs ravages. Était à refaire de nouveau ce que Jarenton venait de rebâtir, où sans doute il avait laissé la couverture en charpente, proie facile du feu. La lourde et coûteuse tâche fut vaillamment remplie. Mais Pierre de Genève démissionna quatre ou cinq ans après l'incendie et sa mort paraît dater de 1142. Une des tombes du cloître, au bas du pignon nord du transept, lui a été attribuée.

En 1147, au temps de l'abbé Philippe, religieux de marque mais d'origine ignorée, fut célébrée la dédicace de l'église majeure, une seconde fois remise à neuf.

Le consécrateur fut encore le chef de la chrétienté, Eugène III, cistercien et disciple de saint Bernard. Désireux de voir Louis VII, le royal croisé de Vézelay, et d'aller ensuite régler en personne à Reims et à Trèves des affaires ecclésiastiques pendantes, Eugène III se transporta de ce côté-ci des Alpes dès le début de 1147. Le voyage avait été concerté avec le roi de France, et le monarque s'avança au devant du souverain pontife jusqu'à Dijon, où la rencontre eut lieu le 30 mars, qui était le dimanche de *Lœtare*, IVe du Carême. Le lendemain l'église de Saint-Maurice et Saint-Bénigne fut consacrée par le pape, le roi présent à la cérémonie. A la tête des princes escortant la tiare et la couronne était le duc de Bourgogne, Eudes II, fils et successeur de Hugues II, mort la même année que l'abbé Pierre de Genève.

Au sortir de Dijon, le pape et le roi gagnèrent à petites journées Paris, où ils furent pour la célébration des fêtes de Pâques. Le lundi de Pâques, Eugène III consacrait

Saint-Pierre de Montmartre, alors église d'un prieuré de Bénédictines fondé par Louis VI.

Pendant la première moitié du douzième siècle, la basilique de Saint-Bénigne a donc été coup-sur-coup l'objet de destructions et de reconstructions, qui en changèrent l'aspect. Sûrement des campagnes de travaux qui suivirent les sinistres de 1100 et 1137 et qui furent couronnées par les dédicaces de 1107 et 1147, il est sorti un édifice du style de l'époque, une église romane.

Le style roman était alors dans son efflorescence. Affranchi de la lourdeur et de la rudesse de son précurseur, il déployait une solidité aisée, une vigueur noble, toute la splendeur de la force. Un des progrès réalisés, surtout en Bourgogne et dans les provinces du centre, fut le voûtement intégral de l'édifice. Tandis que les architectes normands persistèrent à puiser dans la forêt les éléments de la couverture, nos architectes préférèrent les prendre dans la carrière et substituer de la maçonnerie aux plafonds et charpentes apparentes. Ils établirent cette maçonnerie soit sur un demi-cylindre, ce qui donna une voûte concave en plein cintre, le berceau ; soit sur deux demi-cylindres entre-croisés, ce qui donna la voûte d'arêtes, à quatre compartiments ou voûtains. Le berceau est plus harmonique, la voûte d'arêtes mieux éclairée. Une heureuse combinaison à Sainte-Madeleine de Vézelay, édifice voûté d'arêtes, unit l'harmonie du berceau à l'éclairage de la voûte d'arêtes. Comme les arcs doubleaux y sont en plein cintre, nourris, nombreux, les arêtes s'effacent et, en entrant dans ce vaisseau immense, on croit pénétrer sous un berceau irradié de lumière, solide comme le firmament, profond comme l'étendue. Un équilibre manifeste, qui rassure, une puissance superbe, qui subjugue et enivre, donnent là au style roman une très grande valeur.

A Saint-Bénigne, les constructions du douzième siècle prolongèrent la basilique, au couchant, jusqu'à la limite de l'église actuelle. La bâtisse couverte occupa désormais toute la superficie du lieu saint, absorbant l'antique *atrium*, qui contenait les sépultures du maire du palais Flaochat, du prince Otte Guillaume, du comte Hugues de Beaumont et d'autres personnages, sépultures jusque-là restées à l'air, ou sous des abris fort simples.

Le portail roman élevé à cette époque avait été maintenu au quatorzième siècle dans les constructions gothiques : il est connu par un dessin de l'ouvrage de Dom Plancher. Il fut détruit par les hommes de la Terreur, et il n'en reste que quelques épaves adhérentes au sol, principalement huit fûts de colonnes ou pilastres avec leurs bases. Tout le haut du portail d'aujourd'hui n'est qu'un rapiècement qui ne vaut pas, telles quelles, les pierres meurtries qu'on lui a fait cacher, et il encadre fort mal le bon bas-relief apporté là de l'église Saint-Étienne, en 1813.

Vers 1880, au cours des travaux exécutés à Saint-Bénigne, dans le collatéral nord, à douze mètres environ du portail, le sous-sol a livré, paraissant en place, la base complète d'un pilier roman, pilier de grande nef, à quatre retombées. La mouluration est la même que dans les bases des huit fûts restés au portail. L'unique différence consiste en ce que la base, double pour les fûts, est simple au pilier.

L'emplacement de la trouvaille détermine un édifice à trois nefs, la principale ayant la largeur au moins du vaisseau actuel. En longueur l'église romane dépassait un peu au levant l'église gothique, car son abside était celle de l'église lombarde superposée à l'hémicycle du sépulcre, lequel est en dehors du monument existant. Chacune des nefs dut avoir, de l'entrée principale au transept, sept travées. Le niveau intérieur était au-dessous du niveau d'aujourd'hui.

On se demande si l'église romane eut une voûte en maçonnerie. D'après la base découverte, les piliers formaient un faisceau de pilastres d'une masse cruciforme avec colonnettes dans les angles rentrants. La colonnette d'angle recevait, dans les bas côtés, les arêtes d'une voûte. M. Vincent Flipo admet une parfaite symétrie d'emploi de la colonnette dans la nef et dans les collatéraux. M. Vincent Flipo, membre du personnel des conservateurs de nos grandes bibliothèques, vécut à Dijon au cours de ses études et s'éprit d'un vif intérêt pour Saint-Bénigne.

Suivant l'opinion du distingué archiviste paléographe, les remarquables voûtes d'arêtes que reçut, vers 1126, Sainte-Madeleine de Vézelay, auraient eu, vers 1140, leur réplique à Saint-Bénigne. Un fait certain est que, dans le même temps, la petite église de Saint-Philibert, que l'on croit la continuation de Sainte-Paschasie, fut entièrement voûtée d'arêtes sur sa haute nef comme sur ses nefs basses. Le pilier de nef est un pur faisceau de pilastres, sans colonnette. Les arcs doubleaux ont la brisure ou pointe. A Saint-Pierre de Montmartre, dont la dédicace suivit de peu de jours celle de Saint-Bénigne, le voûtement d'arêtes s'étendit à une partie des grands vaisseaux, témoin la voûte actuelle du croisillon nord, rétablie par un des restaurateurs modernes d'après les amorces primitives, qu'il découvrit et eut soin de photographier.

La tour centrale de l'église romane fut réputée un puissant et bel ouvrage. Elle était toute en pierre, d'une longueur, largeur et hauteur considérables.

Des couronnements nouveaux, élevés sur les trois tours de l'église Sainte-Marie, une corniche avec tablettes à damier mise autour de la rotonde donnèrent à la basilique du douzième siècle, vue d'ensemble et à distance, l'air d'un édifice roman homogène.

Dans cet édifice la sculpture ornementale eut de l'éclat. Au portail, sur les huit fûts qui demeurent, s'élevaient autant de statues, peu saillantes, mais grandes de plus de six pieds : à droite, en entrant, à partir de la porte, le roi David, saint Pierre, Moïse, la reine de Saba ; à gauche, à compter inversement, Salomon, Aaron, saint Paul, un roi de la descendance de David, peut-être Ezéchias.

La reine de Saba, placée dans la rangée du midi par ce que « reine du midi » est un des noms qui la désignent, avait le pied gauche palmé, à la façon de la patte d'oie, d'où le surnom de reine pédauque. Ainsi la voyait-on dans plusieurs églises et la meilleure explication de cette singularité paraît être celle qu'a donnée l'abbé Lebeuf, se référant à des traditions rabbiniques.

Bien au-dessus de la curiosité excitée par ce détail,

un sentiment né du symbolisme s'emparait des âmes devant les statues de Salomon et de la reine de Saba, l'une en regard de l'autre. La princesse était une des figures familières de la gentilité et Salomon l'un des types prophétiques du Christ. La grâce de la vocation des gentils, le prix inestimable de ce bienfait s'offraient à la réflexion et exaltaient la reconnaissance. Se sentir du royaume du Christ a fait naguère l'enthousiasme des peuples.

Sur le trumeau de la porte, l'ornemaniste, conformément à l'usage, avait mis le patron du lieu, saint Bénigne, statue vivante, aux traits fermes, de taille surélevée. Le martyr en habits sacerdotaux, mitré à l'orientale, tenait de la main gauche la palme, de la droite un bâton ou crosse, signe du pouvoir. Ses pieds foulaient une tête de lion, emblème du Péché et de l'Enfer vaincus.

L'idée générale de l'ensemble de la décoration du portail était la glorification du Dieu sauveur. Au linteau, aux voussures des archivoltes, se déroulait, dans le détail de ses scènes diverses, tout le cycle de l'Avènement de grâce. La scène de la Nativité du Seigneur offrait une particularité touchante. Un autel figurait la crèche sur laquelle était étendu l'Enfant au maillot. Le rapprochement entre la Crèche et l'Autel, qui s'épanouit dans la liturgie de Noël, la sculpture aimait à le faire elle-même. Cette composition eut un grand succès. Elle venait de loin, pour le temps et le lieu. Des relevés d'anciennes fresques, découvertes en Cappadoce, présentent le même thème. Les Mages, en belle chevauchée sur le chemin de Bethléem, puis prosternés devant l'Enfant assis au giron de sa Mère, attiraient aussi les regards. La Vierge, plus grande que les autres personnages du groupe, placée dans l'axe central du portail, au-dessus de saint Bénigne, était là telle qu'en nos statuettes carolingiennes, telle que dans l'antique bas-relief de l'Adoration des Mages trouvé à Carthage par le P. Delattre.

Au tympan, à la place d'honneur, dominant la Vierge et saint Bénigne, paraissait le Sauveur dans l'appareil du Dieu de majesté. La gravure publiée par Dom Plancher esquisse nettement le sujet. Le Christ, orné du nimbe crucifère signe de la divinité, siège sur un trône, soutenant de la main gauche un grand livre fermé et élevant la droite dans le geste du Maître qui enseigne. Il a pour escorte, à hauteur des épaules, les deux séraphins de la vision d'Isaïe ; autour de son trône, le mystique quadrige d'Ezéchiel : homme, lion, bœuf, aigle, ailés tous les quatre, symbole à multiple sens, appliqué surtout aux quatre évangiles ; char de lumière sur lequel est porté l'Homme-Dieu dans sa marche à travers les peuples, tour à tour éclairés de sa doctrine. Aux extrémités du tympan sont deux femmes, allégories, à droite du Christ, de l'Église ; à gauche, de la Synagogue. La seconde tourne le dos au Christ ; elle a les yeux bandés, sa couronne tombe, son étendard se brise, devant elle erre une brebis perdue.

Sur la première archivolte encadrant le tympan était une rangée d'anges qui entouraient le Christ et portaient, hommage emblématique à sa sagesse, à sa gloire, à sa sainteté, des livres ouverts, des chandeliers, des encensoirs.

L'image du Dieu de majesté ornait encore, dans l'église romane, le tympan de la porte du cloître, conservé aujourd'hui au musée archéologique. L'œuvre est animée et souple. L'auteur est ici « Pierre de Dijon », nommé dans l'inscription diamétrale du bas-relief et signataire d'une pierre semblable, qui se voit à une porte latérale de l'église de Til-Chatel. Ce motif de décoration plaisait beaucoup aux ornemanistes, avec ses emblèmes fournis par quatre êtres qui sont des types d'excellence et de royauté. Il se remarque à la façade d'une de nos grandes cathédrales, Chartres, portail occidental daté de 1160-1175.

Une pierre, épave des sculptures romanes, est encastrée dans le porche gothique, à main gauche. C'est le champ où étaient représentées, avec inscriptions, la passion et la mort de saint Bénigne.

Dans les cryptes, pendant le onzième siècle, le nombre des tombeaux ne s'était pas accru. L'abbé Guillaume avait seulement transféré quelques-uns d'entre eux, déplacement nécessité par les constructions. Jarenton eut la joie, partagée de tout Dijon, d'inhumer en ce lieu la vénérable Alette, mère de saint Bernard, décédée au château de

Fontaines le 1er septembre, l'année probablement de la première dédicace, 1107. La fosse fut creusée à l'étage souterrain de la rotonde, au pied de la tour septentrionale.

Cette fosse, à la fin du douzième siècle, était couverte d'une tombe où l'on avait représenté les six fils d'Alette, entrés tous dans la carrière monastique. C'est à cette époque, en effet, que d'après l'opinion établie les tombeaux commencèrent à porter l'effigie des morts, gravée au trait ou sculptée en relief et parfois accompagnée de celles de quelques membres de la famille, surtout des enfants. A Tournan, Seine-et-Marne, la tombe d'une dame morte l'an 1230 portait son effigie et celles de ses enfants : cinq chevaliers, un prêtre et un moine. L'inscription : « C'est elle qui fut leur mère » faisait des enfants une couronne de gloire à la défunte. Telle aura été l'idée inspiratrice du monument érigé un demi-siècle plus tôt sur le corps de la vénérable Alette. Clairvaux, en 1250, demanda et obtint les restes de la mère de son fondateur, mais le tombeau vide fut l'objet d'hommages persévérants, qui lui valurent d'être remplacé et non aboli, lorsqu'il subit la détérioration et l'effritement. La piété contemporaine voit avec plaisir un des sarcophages, placés comme spécimens dans la crypte, occuper l'endroit où était la sépulture de la mère de saint Bernard.

Le sépulcre du martyr, qui dès longtemps avait perdu sa belle *abside*, sacrifiée pour soulager les pauvres, reçut lui-même, à une date qu'on ne peut préciser, une transformation notable. De l'antique sarcophage, qui fut laissé dans le caveau, on se décida à extraire les reliques et à les déposer dans une châsse en bois ouvragé, exposée en permanence au-dessus de la tombe. Deux colonnettes en pierre, élevées sur la plate-forme, soutinrent de leurs chapiteaux le dépôt précieux.

Près du tombeau et de l'autel érigé *ad caput*, le luminaire était fidèlement entretenu par des offrandes dévotes. Au décès du duc Eudes II, 1162, sa veuve, Marie de Champagne, et leur fils Hugues III, qui devait dix ans plus tard édifier au palais ducal la Sainte-Chapelle, fondèrent une lampe perpétuelle devant le corps saint, pour le repos de l'âme du prince défunt et la prospérité de son successeur. Des personnes moins illustres, mais non moins généreuses, firent de semblables fondations « pour le luminaire du corps saint — à Dieu et à l'autel du corps saint — à destination de l'autel du corps saint ». Ces termes sont relevés des diplômes.

Certains de ces donateurs partageaient leur offrande entre l'autel de saint Bénigne et l'autel de sainte Marie. Le sanctuaire principal de la rotonde, avec sa précieuse image de la Mère de Dieu, obtenait l'attention persévérante de la piété. Parfois un prodige le signalait avec éclat. Pendant un interdit, que l'abbaye encourut, à propos d'un différend avec les moines de Clairvaux, et qui dura du 19 mars 1178 au 30 avril 1179, le samedi saint, à l'heure des Complies, la foule rassemblée vit, sur la tour dite de Sainte-Marie située à l'extrême chevet de l'édifice, trois colombes qui étaient descendues d'en haut et avaient apporté avec elles comme des cierges ardents.

Avant la fin du treizième siècle, un évènement terrible et prodigieux causa la ruine de l'édifice roman. La haute et belle tour qui surmontait la croisée de l'église majeure s'écroula avec un fracas horrible, le 14 février 1271. Personne ne périt dans cet accident. Mais, à part la rotonde encore une fois sauve, tout le monument fut démoli ou ébranlé.

Au milieu de l'épouvante, une préservation miraculeuse mit le couvent en action de grâces. L'effondrement d'une partie des voûtes de la crypte qui s'étendait sous l'église majeure, causa, dans ce lieu souterrain et jusqu'à la Confession, le plus effrayant désordre. Les deux colonnettes qui soutenaient la châsse du corps saint perdirent leur équilibre et se brisèrent en tombant. La châsse demeura en place, suspendue dans le vide, sans support visible. Les lampes ne s'éteignirent pas, malgré le brusque déplacement de l'air et le tourbillon de poussière soulevé.

C'est ainsi que finit à son tour la quatrième basilique, peu connue de nous, mais qui dut être digne de l'époque, à en juger par ce que nous savons de sa sculpture ornementale. Au moment de sa construction, les murs de Saint-

Bénigne avaient pris un revêtement meilleur, l'appareil en pierre de taille. En tombant elle laissa des matériaux utilisables pour une bâtisse nouvelle.

Elle fut le théâtre d'un événement qui appartient à notre histoire nationale. Dans son enceinte s'est tenu, en 1199, sous la présidence de Pierre de Capoue, le concile où fut arrêtée la mesure dont l'exécution détermina le roi Philippe-Auguste à respecter l'indissolubilité du mariage.

V

L'ÉGLISE GOTHIQUE

L'abbé Hugues d'Arc, de la famille seigneuriale d'Arc-sur-Tille, dont beaucoup de membres entrèrent en religion et plusieurs marchèrent à la suite des ducs, siégèrent même dans leur conseil, eut la tâche d'élever la cinquième basilique, destinée à devenir la cathédrale de Dijon. Aux avantages dus à sa naissance il joignait de grandes qualités et des vertus solides. Il exerçait la charge d'aumônier dans l'abbaye lorsqu'il fut appelé à la régir, 1269, et, durant trente années, il lui assura, entouré de sympathies reconnaissantes, ces biens que le prophète définit « la paix de la justice et la splendeur de la piété ». Sa dignité lui valut d'assister, en 1274, au IIe concile œcuménique de Lyon, où la présence de l'Église grecque enthousiasma la chrétienté, pour une heure. Sa prudence et son savoir le firent choisir, en 1279, pour arbitre d'un différend, entre le chapitre cathédral d'Autun et l'abbaye de Cîteaux.

Ce fut dans des conditions au point de vue économique laborieuses que la tâche de constructeur échut à Hugues d'Arc. Mais au point de vue artistique la situation était fortunée. Un style nouveau traduisait à ravir la pensée et les sentiments des maîtres de l'œuvre et de leurs inspirateurs. Sous la voûte d'arêtes, pendant la période romane, des architectes avaient jeté en forme d'X deux arcs supplémentaires, dont les nervures couvraient les arêtes, et qui apportaient au voûtement un surcroît de solidité avec de la décoration. L'arc diagonal ainsi ajouté fut dénommé « arc ogif *arcus augivus* » d'où est dérivé le terme courant arc d'ogive ou simplement ogive. Les plus anciens exemples de ce procédé structural se voient en Lombardie et remontent au delà du douzième siècle. Le tracé normal de l'arc d'ogive fut d'abord le plein cintre. Mais il devint vite le cintre brisé au sommet, ce qui a fait étendre, plus tard, le nom d'ogive à tout arc brisé ou en pointe, qu'il appartînt à une voûte ou à n'importe quelle autre partie de l'édifice.

En adoptant le système de la voûte d'ogives, en faisant prédominer l'arc brisé sur l'arc plein cintre, les architectes des siècles treizième et suivants innovèrent et ils créèrent un style que les partisans des styles anciens, grec et latin, ont appelé par dérision gothique. Ce nom historique est à garder.

De règle désormais il y eut des voûtes sur les vastes nefs comme sur les petites : voûtes sur plan carré ou barlong, à quatre compartiments et même à cinq ou six; voûtes tournantes, aux extrémités absidales. Partout des ogives entières ou des branches d'ogive.

L'édifice reçut une très haute élévation, favorisée par l'union de l'arc-boutant au contrefort extérieur. A l'intérieur la colonne, à proprement parler, fut éliminée. La colonne a une hauteur qui est déterminée par son diamètre. Les colonnes qui passent pour les plus belles ont un fût dont la hauteur n'est que de cinq ou six fois le diamètre. Donc un étai cylindrique remplaça un échafaudage de colonnes : partant du pavé ou des chapiteaux des piliers de nef, il gagna d'un seul jet la voûte, s'ajustant aux retombées des arcs parallèles, dits doubleaux, et des arcs croisés ou rayonnants, c'est-à-dire, des ogives.

Entre les piles, un fenestrage très développé s'épanouit jusqu'aux voûtes, d'une manière splendide.

L'ornementation se modela davantage sur la nature : les

chapiteaux, maintenus longtemps au-dessus des piles ou étais, eurent leurs corbeilles remplies des plantes et des fleurs de notre climat. Dans les figures d'êtres animés continua de palpiter la vie, mais sous des formes d'une bonne plastique.

A Dijon, venait d'être élevé un bijou architectural, l'église Notre-Dame. Le nouveau style y apparaissait dans sa grâce native. Les lignes étaient d'une pureté absolue ; les roses des fenêtres, simples comme celles des champs ; les lancettes, doucement acérées. Tous les arcs ayant la brisure contrastaient à peine avec les cintres réguliers, A l'intérieur, où le monument a toutes ses qualités, l'harmonie est sans défaut : les prestigieux faisceaux d'étais qui soutiennent la lanterne s'allient bien avec les piliers ronds de la nef.

Mais au moment où Hugues d'Arc entreprit ses travaux, le style en cours avait déjà plus d'envergure et de rayonnement, et à l'abbaye de Saint-Bénigne il fallait faire plus grand qu'à la paroisse de Notre-Dame. L'abbé ne craignit point la magnificence : le chevet de l'édifice, exécuté de son vivant, témoigne quel a été son idéal.

En devenant aérienne, la basilique ne put conserver, pour l'ordonnance, tous les avantages précédents.

Dans les cryptes, la partie comprise sous la construction gothique fut supprimée, et il ne resta de l'ensemble guère que ce que nous possédons.

La communication directe entre les deux églises cessa : les religieux passèrent de l'une à l'autre par un détour dans l'angle sud-est du cloître.

Après neuf années, employées à amasser des ressources, le 7 février 1280, fut posée la première pierre de la nouvelle église dans la partie du chevet, bâti selon l'usage en premier lieu. Dans le bloc qui reçut la bénédiction liturgique les religieux insérèrent le fragment qu'ils possédaient de la pierre où le martyr eut les pieds scellés. Cette pierre, que Grégoire de Tours avait vue, qui avait contribué à le guérir d'un mal d'yeux, fut très anciennement partagée en deux et attribuée une part à la collégiale, l'autre à l'abbaye. Le fragment conservé à Saint-Étienne se gardait au maître-autel : il fut brisé par la chute du *ciborium*, le jour de l'incendie de 1137, et les morceaux recueillis entrèrent dans la construction de l'autel nouveau. A Saint-Bénigne, le dépôt de la précieuse relique dans les fondations de l'édifice constitua une prière permanente à l'effet d'éloigner des catastrophes semblables à celles dont avaient été victimes l'église romane et l'église lombarde.

Lorsque s'ouvrit l'année 1287, tout le chevet, jusqu'au transept exclusivement, était achevé. Le couvent s'empressa d'en prendre possession, heureux, après n'avoir joui pendant quinze ans que de l'unique église de la rotonde, de s'établir dans le sanctuaire principal de la basilique. Le 27 avril, en ladite année dimanche de *Jubilate*, IIIe après Pâques, la bénédiction fut célébrée, sans préjudice de la dédicace qu'on solenniserait en temps opportun. Ce jour néanmoins était prédestiné à une commémoration annuelle. Il devint, par suite des circonstances, le jour fixé pour l'anniversaire de la dédicace et inscrit sous cette mention au calendrier de l'abbaye. Aujourd'hui que Saint-Bénigne est élevée au rang de cathédrale, l'inscription est passée au calendrier liturgique dijonnais et la commémoration étendue à tout le diocèse.

A la rentrée du 27 avril 1287 fut donc attachée — les religieux l'ont noté — la vibrante antienne *Jubilate Deo* « Poussez vers Dieu des cris de joie ». Ces mots sont les premiers du psaume soixante-cinquième, intitulé dans la Vulgate « Cantique de la résurrection », action de grâces retentissante après un grand bienfait. Les heures de tribulation y sont rappelées : « Nous avons passé par le feu et par l'eau ». Mais l'ère de la prospérité renaît, et l'on accourt dans la maison divine s'acquitter des vœux proférés au sein de la détresse.

Hugues avait dans l'âme un vœu ardent, sûrement témoigné à Dieu : il ne tarda pas beaucoup à y donner suite. Dix-huit mois après, à la date du 29 octobre 1288, par ses soins s'accomplit la solennelle translation du corps saint, retiré de la crypte et déposé dans une châsse très riche, qui fut placée derrière le maître-autel, sur de hauts et somptueux supports. Cette translation eut sa commémoration annuelle dans une troisième fête du martyr, fixée au 19 octobre, sous le nom de « Relevation de saint Bénigne ».

La crypte, réduite de moitié, dépossédée de son plus précieux trésor, ne fut cependant pas délaissée. L'obstruction l'avait atteinte en sa partie conservée. Les pans coupés de la grande abside gothique empiétaient sur la primitive Confession et ne laissaient pas indemnes les ailes. La tombe construite au onzième siècle était endommagée. On bâtit un sépulcre nouveau, celui qui existe : une fosse béante, bordée d'un parapet dont on fit le soubassement des colonnes de la voûte. Au fond de la fosse le sarcophage resta où l'avait placé l'abbé Guillaume. Était-il déjà démantelé, le devint-il plus tard, la piété aidant, heureuse d'emporter un fragment de pierre lorsqu'elle n'obtenait pas une parcelle d'ossement, au dix-septième siècle n'existait plus que ce que nous possédons, le plat de l'auge, sans rebords. Il était couvert d'un simulacre formé de trois dalles, deux posées de champ et la troisième étendue par dessus. Plusieurs dessins renseignent à cet égard et dans l'un d'eux, celui de l'ouvrage de Dom Plancher, l'autel que l'abbé Guillaume avait transporté *ad caput* est revenu *ad pedes*.

La continuation des travaux, sans être interrompue, fut douloureusement entravée. Hugues d'Arc, l'âme de l'entreprise, mourut le 12 juin 1300. Achevée parmi les embarras financiers, au sein de conflits survenus entre la ville et l'abbaye à l'occasion de la tenue des assemblées communales sur le cimetière, l'église ne put être dédiée que sous l'abbé Alexandre de Montagu, le 9 avril 1393. A la place de l'évêque diocésain, Bernard de la Tour, retenu par son grand âge, Jean de Sarrey, prélat dominicain, son délégué, fut le consécrateur. Et comme le 9 avril est rarement libre pour la célébration d'un anniversaire, on fixa la commémoration de la dédicace au 27 du même mois, date de la bénédiction du sanctuaire, en 1287.

Dans le classement des édifices au point de vue artistique, l'église Saint-Bénigne n'a pas conservé, sous la forme gothique, le rang qu'elle avait acquis sous la forme lombarde. Le monument est devenu d'ordre secondaire. Des architectes l'ont cependant en estime réelle.

Si l'étranger qui visite Dijon ne voit « la cathédrale » qu'après Notre-Dame et Saint-Michel, il peut avoir de prime abord quelque déception. A Notre-Dame, il aura suavement admiré cette châsse en pierre pour laquelle Vauban demandait un écrin ; il se sera même égayé, devant le porche, en regardant les garnitures divertissantes dont il est paré. A Saint-Michel, le bel effet d'ensemble de la façade l'aura rendu moins attentif à l'obscurité de la nef, inconvénient racheté d'ailleurs par l'aspect satisfaisant des transepts et de la principale abside.

Arrivé à Saint-Bénigne, il est en face d'une silhouette vigoureuse, grandiose, mais sobre, calme. Un tout petit porche. Aucune enseigne de la vie animée d'un foyer central. Pas de fronton, pas de gable formant le dais sous lequel entrera l'évêque.

Mais lorsque le visiteur apprend l'origine et la condition native de l'église, son étonnement cesse et l'antique abbatiale lui plaît.

Quand on a franchi le seuil, on est frappé de l'altitude, vingt-cinq mètres sous clef. La largeur de la nef est proportionnée. Ce qui l'est moins, c'est le court développement de la voûte. Des piliers d'une élévation moindre, une voûte sensiblement brisée donneraient-ils un résultat plus harmonique ? Oui, linéairement parlant. Mais alors l'élan si hardi serait atténué, l'effet cherché ne serait pas produit.

Une des innovations idéales de l'art gothique, c'est de rendre le temple du vrai Dieu haut et lumineux comme le ciel, de lui donner une envolée extatique, une splendeur sublime, qui rappellent le firmament. Au sein de nos grandes églises gothiques, comme en face de la grande nature, on se sent investi et pénétré de la Divinité. Cette puissance d'évocation fait leur beauté particulière, « beauté morale » reconnue de tous. Saint-Bénigne, avec des proportions restreintes, possède cette beauté, que ses constructeurs ont voulue, réalisée, savourée les premiers. Et elle doit cet avantage surtout à ses piliers élancés, sur lesquels, apparemment, la voûte plane plutôt qu'elle ne s'appuie, favorisant ainsi l'essor de la pensée.

En certains édifices, le passage d'un cordon relie par intervalles le faisceau des étais, disons des colonnes, puisque malgré la différence des choses le nom reste en usage. A Saint-Bénigne, la gerbe monte nue, sans ceinture, ni courroie.

Contraints à l'épargne, ceux qui achevèrent le monument prirent les partis sommaires. Le collatéral du midi offre, par rapport au croisillon correspondant et au sanctuaire, l'unité de profils et d'ornementation. La sculpture n'y est pas sans mérite. Sur un des chapiteaux se mêlent au feuillage, d'une part le pélican qui se déchire les flancs pour nourrir ses petits, de l'autre le phénix au-dessus d'un bûcher. Au bas de ce collatéral, à l'entrée de la travée moitié close qui est sous la tour, paraissent aujourd'hui de bons chapiteaux dont un, à l'aspect roman, représente la sonnerie des cloches. Ils ne datent que de la dernière année du dix-neuvième siècle, et celui des sonneurs a déjà eu la bonne fortune d'être signalé comme une œuvre, digne d'attention, de la période romane.

Mais tandis que le collatéral du midi se recommande par le respect du principe d'unité, celui du nord étonne par des infractions, de détail il est vrai, de mauvais effet néanmoins. Des anomalies et quelque dénuement déparent aussi la grande nef. Ces taches avaient été prises pour des dégats imputables aux hommes du dix-septième siècle, qui conçurent du dédain à l'égard du style gothique. Une légende était née, saisissant les coupables le marteau dévastateur à la main. La légende est tombée, après un examen attentif des disparités et indigences, dues pour une part au moins aux embarras financiers des derniers temps de la construction, pour une autre part peut-être à des réparations de la fin du quinzième siècle.

Une considération explique d'ailleurs l'infériorité artistique relative de la nef, dans les églises. La partie formée du sanctuaire et du chœur a une destination de choix qui appelle un déploiement d'art plus grand.

Au dehors comme au dedans, à Saint-Bénigne, une main

discrète a distribué la parure, et l'on est plus frappé de la masse imposante de l'édifice que de sa décoration. On voit, à la façade, outre la rosace moderne mais bien dans le style, les jolies arcades des deux galeries qui relient les tours et correspondent aux chemins de ronde contournant les toitures. Les jambages reposent sur un allège ou mur d'appui. C'est le système suivi à l'intérieur pour le *triforium* et usité dans des galeries très anciennes. On aperçoit, sur la tour du midi, deux petites frises ; au sommet des tours et des contreforts, de modestes pinacles ; au bord des toits, une série de parapets ciselés, de balustrades découpées, pacifiques créneaux de la maison de prière.

Et l'ornementation ne va pas plus loin : l'aspect général garde un ton grave et austère, digne d'une abbaye vouée au renoncement et à la simplicité.

La flèche, qui couronne le monument, date de 1896. Elle succède à plusieurs devancières, quelques-unes plus gigantesques, qui ont toutes fait l'orgueil légitime de la cité. Au dix-septième siècle, dans la « ville aux beaux clochers », le quartier formé de l'antique « champ des basiliques » dardait vers le ciel les faîtes de dix tours ou pyramides, partant de Saint-Bénigne, de Saint-Jean et de Saint-Philibert. La pyramide de Saint-Bénigne était plus svelte et plus altière que ses voisines. La première flèche signalée par les documents fut l'œuvre de l'abbé Claude de Charmes, promu en 1490 au gouvernement de l'abbaye, où il avait été élevé : il appartenait à une famille noble de Dijon. « Le campanile, construit par ses ordres et qu'il fit couvrir de lames de plomb, produisait un effet magnifique et surpassait tous ses congénères ».

Dans le campanile du chœur étaient suspendues quelques cloches plus à portée, à cette place, de la main des moines qui, pendant l'office divin, unissaient par moments au chant une sonnerie. Les plus grosses, la cloche Bénigne et la cloche Benoîte, occupaient la tour du midi. La tour du nord avait les plus petites « les gloriettes ou gloriottes ».

Au bas d'un contrefort de la tour du midi fut encastré un cadran solaire qui subsiste et auquel un connaisseur, M. de Rey-Pailhade de Toulouse, attache de l'importance.

Claude de Charmes fit réparer l'intérieur de l'église et lui rendit son lustre déjà terni. Ses armoiries et celles de trois maisons apparentées à la sienne figurent aux clefs de voûte, dans la grande abside et dans les bras du transept. Le même abbé plaça autour du maître-autel, érigé alors dans la travée où est la piscine, six colonnes en cuivre, surmontées d'anges qui tenaient des chandeliers ou les instruments de la Passion. Il donna une châsse, œuvre d'orfèvrerie, destinée à contenir le corps de saint Urbain, et cette châsse accompagna celle de saint Bénigne, du côté de l'Épître. Une troisième châsse était du côté de l'Évangile, dite de Toussaint et renfermant avec d'autres reliques probablement celles que l'on possédait de saint Grégoire de Langres.

L'autel matutinal, nécessité par les coutumes monastiques, avait été reporté jusqu'au fond du sanctuaire et adossé au mur. Vis-à-vis la piscine se trouvait une armoire en pierre, servant de custode pour le Saint-Sacrement. La Réserve eucharistique y était conservée dans une pyxide d'argent, que l'on déposait dans un coffret précieux d'albâtre.

Des verrières ont existé dans l'église gothique. Mais elles n'ont pas, pour la moindre part, échappé à la ruine.

Un très riche embellissement donna au chœur des religieux du reflet artistique et de la renommée. Les stalles, régulièrement posées au carré du transept, furent toutes renouvelées dans le style dit de la Renaissance, à la suite d'un legs fait en 1517 par Guillaume Sacquenier, religieux bénédictin, né à Dijon, recteur de l'hôpital de la ville et abbé commendataire de Baume-les-Messieurs. Frédéric Frégose, qui reçut Saint-Bénigne en commende l'an 1525, fit exécuter les volontés du testateur, ajoutant de ses propres deniers. Le maître menuisier Jean Boudrillet, originaire de Troyes, consacra sept années à l'œuvre. Le résultat fut digne de son talent. Quatre sièges surmontés de dais attiraient spécialement les regards. De ces merveilleuses boiseries, devant lesquelles les jeunes artistes venaient animer leur verve et former leur habileté, rien n'est resté. Aux heures lugubres des sacs et des ventes sacrilèges, tout a péri, sans laisser une épave. Le cloisonnement en pierre, sa garniture dentelée, le jubé n'avaient point été modifiés, dans la rénovation des stalles, et gardaient le cachet des ouvrages du quatorzième siècle.

Sur le jubé étaient alors le grand Crucifix et son autel, transportés à ce niveau par Alexandre de Montagu, qui dégagea le milieu de la nef et adossa aux piliers quatre autels qu'il eut la dévotion d'ériger.

Dans le chœur avaient leurs tombes Hugues d'Arc, Alexandre de Montagu, Claude de Charmes.

Guillaume Sacquenier eut la sienne devant la grille du chœur, dans la nef.

Au milieu de la nef venait une autre tombe, objet de l'attention. Là reposait le prince Wladislas de Pologne, qui, voyant ses droits au trône méconnus par le roi Casimir le Grand, vint se faire moine à Cîteaux, puis à Saint-Bénigne ; qui, à deux reprises, mû par le sentiment patriotique et autorisé par une dispense, essaya de ceindre la couronne ; qui enfin, désabusé par ses échecs, regagnant définitivement son monastère, mourut à Strasbourg en demandant que son corps fût porté à Dijon, 1389.

Relevées et dressées contre la muraille, les deux tombes du prince Wladislas et de Guillaume Sacquenier sont avec une troisième, d'un chevalier, près de la porte du collatéral du midi, soustraites aux pieds des passants mais trop dérobées à leurs yeux. Elles méritent d'être vues et bien considérées. Aux quatre angles de celle de Guillaume Sacquenier figurent les emblèmes du quadrige de la vision d'Ezéchiel : l'homme, le lion, le bœuf, l'aigle, tous ailés. Ces symboles rappellent ici les vertus cardinales qu'on leur faisait signifier en même temps que les Évangiles, en même temps aussi que les quatre principaux stades du Verbe incarné : Nativité, Passion, Résurrection, Ascension. Il existe plusieurs tombeaux ayant aux quatre angles, représentées par des personnages allégoriques, les vertus cardinales.

C'est au chœur de Saint-Bénigne, au sanctuaire, que, à leur première entrée dans Dijon, les ducs d'abord, les rois ensuite sont venus prendre possession du duché et jurer d'en respecter les franchises. L'abbé passait un anneau au doigt du prince, en signe de l'alliance contractée entre lui et son peuple. En 1334, le duc Eudes IV inaugura cet usage. Pour le serment parurent ainsi à Saint-Bénigne Philippe de Rouvre 1359, le roi Jean le Bon 1361, Philippe le Hardi 1364, Jean sans Peur 1404, Philippe le Bon 1423, Charles le Téméraire 1474, le roi Louis XI 1479. Le duché ayant été, quelques années après, définitivement rattaché au domaine royal, Charles VIII, Louis XII, François Ier, Henri II, Charles IX, Louis XIII se succédèrent tour à tour devant l'autel de saint Bénigne.

Parmi les abbés commendataires, après Frégose, s'intéressèrent aussi à l'entretien de l'église les deux cardinaux de Givry, dont le second, Anne d'Escars, avait été élevé à l'abbaye et y avait puisé des vertus qui le faisaient appeler à Rome « le saint cardinal » ; — Nicolas de Castille, petit-fils de Pierre Jeannin, aux frais de qui fut relevée la flèche incendiée par la foudre en 1625 ; — Pierre Desmarets, petit neveu de Colbert, par ordre et à la solde de qui l'entrepreneur Linassier remonta la flèche une seconde fois détruite, 1738-1744

Introduits à Saint-Bénigne en 1651, les Pères de la congrégation de Saint-Maur se montrèrent dévots clients de l'apôtre martyr, historiens érudits du monument élevé sur sa tombe, annalistes zélés du monastère placé sous son patronage. Mais, entraînés par la réaction de leur époque contre le style médiéval, ils donnèrent à leurs apports dans l'édifice le cachet italien qui eut alors la vogue. Ces apports se réduisent à peu de chose : une nouvelle porte du cloître, ornée des armoiries de la congrégation, en haut du collatéral nord ; la tribune des orgues, armoriée aussi du même blason, contre les grandes portes. Les orgues sont des facteurs Riepp, 1740. On doit aux Pères de Saint-Maur l'horloge, mise en place l'année 1658, livrée par Jacques Bourdet de Lagny. Les divisions de l'heure sont marquées par une plaintive sonnerie mélodique, qui varie et croît successivement.

Dans la rotonde, les Pères firent quelques nettoyages et ameublements. Ils commencèrent par la remettre en communication directe avec la grande église, abattant dans celle-ci le pan central des absides secondaires, après avoir retiré les autels. Un groupe de statues qui représentait le baptême de saint Symphorien et ornait un des autels de la nef, fut descendu dans la crypte et placé sur l'autel de saint Jean-Baptiste. A l'autel de Sainte-Marie les Pères avaient trouvé, en arrivant à Dijon, une statue probablement du seizième siècle remplaçant l'antique Reine de grâce ayant eu jadis sa cour en ce lieu. La remplaçante fut détrônée à son tour, au gré de pieux fondateurs, qui lui firent substituer un groupe comprenant la Sainte Vierge et sainte Gertrude, la Mère de Dieu présentant son Fils à la sainte.

L'image miraculeuse avait été transportée dans l'une des absidioles septentrionales, la plus rapprochée du cloître : elle y était vénérée sous le nom de Notre-Dame de Bon Secours. L'absidiole voisine contenait le Crucifix miraculeux que l'on avait dû retirer de la nef ou du jubé. Il avait en effet subi les outrages du temps et le corps du Sauveur était couvert d'un voile.

Ces changements et dépérissements n'étaient que le prélude des pertes irréparables.

Saint-Étienne était la cathédrale du diocèse de Dijon érigé en 1731. Mais l'évêque et toute la ville avec lui désiraient le transfert du siège épiscopal à Saint-Bénigne. Les religieux redoutèrent la suppression de l'abbaye. La suppression arriva par une voie inattendue et d'une manière terrible.

La Révolution éclata, déchaînant toutes les calamités : expulsion des moines, saisie des biens, enlèvement des reliques, démolition de la rotonde, menace de désaffectation de l'église conservée. Cependant Saint-Bénigne fut livrée à un clergé intrus, que nous laisserons dans l'ombre.

Sans succès retentirent des clameurs populaires où vibrait le sentiment filial envers l'apôtre de Dijon, les voix de l'ingénieur Antoine et du peintre Devosge où l'art revendiquait le respect de ses œuvres. La rotonde de Sainte-Marie tomba, le portail de l'église perdit son imagerie ; l'édifice fût devenu un parc d'artillerie, si le 9 thermidor, 27 juillet 1794, n'eût été marqué par la chute de Robespierre.

Huit ans après, à la veille de la mémorable journée de Pâques 1802, dans laquelle les chefs de l'Etat et tout le monde officiel à Paris assistèrent au *Te Deum* d'action de grâces pour le Concordat, Mgr Reymond fut nommé évêque de Dijon. Le prélat prit possession du siège épiscopal, le 6 juin, dimanche de la Pentecôte, à Saint-Bénigne, entouré de toutes les autorités civiles et militaires en même temps que du clergé.

La translation de fait du siège épiscopal à Saint-Bénigne fut autorisée et passa en droit, par décret du cardinal Caprara, le 4 janvier 1805.

A la suite de Mgr Reymond ont pris place sur le trône épiscopal, à Saint-Bénigne, NN.SS. Dubois 1820, Martin de Boisville 1822, Raillon 1829, Rey 1832, Rivet 1838, Castillon 1885, Lecot 1886, Oury 1890, Le Nordez 1899, Dadolle 1906, Monestès 1911, Landrieux 1915.

Église paroissiale en même temps que cathédrale, Saint-Bénigne a eu pour curés archiprêtres MM. Girarde 1803, Riambourg 1816, Moreau 1839, Rouard 1888, Bouchard 1892, Bizouard 1894.

Avec son nouvel ameublement et tout ce qu'elle doit aux intelligentes réparations de la fin du dix-neuvième siècle, conduites par un architecte de talent, M. Charles Suisse, la cathédrale de Saint-Bénigne répond bien à la majesté des cérémonies pontificales.

L'autel majeur provient de la Sainte-Chapelle, du titre de Notre-Dame et Saint-Jean l'Évangéliste, et il est orné d'un bas-relief en cuivre où est représentée l'Assomption de la Sainte Vierge. Mais ce n'est pas mal à propos que le souvenir de la Mère de Dieu soit uni de la sorte à celui des patrons saint Bénigne et saint Maurice : dans son intégrité, la basilique portait le vocable de Sainte-Marie avec celui des deux martyrs.

Des stalles d'une excellente exécution meublent le chœur, formé de l'ancien sanctuaire. Elles sortent du monastère de La Charité, près Vesoul. Le trône épiscopal, de facture récente, est enrichi de quelques prélèvements faits sur elles, non à leur préjudice.

Œuvres de Ed. Didron, les vitraux de la grande abside et du transept retracent principalement les martyres de saint Bénigne, de saint Maurice et de saint Étienne.

A l'entrée du chœur existe un caveau funéraire destiné aux évêques de Dijon. Trois y reposent : Mgr de Boisville, Mgr Castillon et Mgr Dadolle.

Le gros pilier voisin, au nord, entre la grande abside et la petite, contient le cœur de Mgr Claude Bouhier, le second des cinq évêques qui siégèrent à Saint-Étienne : NN.SS. Jean Bouhier 1731, Claude Bouhier 1743, d'Apchon 1755, de Vogué 1776, de Mérinville 1787.

Dédié au Saint-Sacrement, l'autel de l'abside septentrionale a déterminé ici pour les vitraux de Ed. Didron le choix de sujets eucharistiques. On regrette la substitution d'une lunette à la jolie clef de voûte du quatorzième siècle, remisée au musée archéologique : une tête d'adolescent entourée de pampre, les tiges sortant de la bouche. Sa présence serait une allusion, aujourd'hui, à la parole du Sauveur : « Je suis la vraie vigne ». Le même motif est répété dans une frise, à la tour des cloches.

Contre le pignon nord du transept est dressée la grande croix de mission qui, en 1824, fut érigée à l'endroit du square de la place Darcy. Elle abrite deux tables commémorant la consécration de la ville et du diocèse de Dijon au Sacré-Cœur par Mgr Rivet, le 7 avril 1843.

Un peu plus loin, dans la deuxième travée du collatéral, est le cénotaphe du vénérable prélat, portant sa statue agenouillée, œuvre de Gasq. La tombe et les restes de Mgr Rivet sont dans la crypte.

Tous les autres monuments funéraires avec statues ou bas-relief avaient été érigés ailleurs qu'à Saint-Bénigne et furent apportés dans son enceinte, sans les ossements, aux jours de la Révolution. Seules les plates-tombes avec effigies gravées au trait appartiennent à des défunts inhumés dans l'édifice.

La troisième travée du collatéral a reçu les restes de Mgr Reymond, transférés de l'ancien cimetière de la ville.

Sous la tour, dans la chapelle des Fonts baptismaux, repose Philippe le Hardi : le cercueil du prince a été retiré des caveaux de la Chartreuse et déposé en ce lieu, pendant la Révolution.

Sous la tour du midi reposent Catherine d'Autriche, fille de Philippe le Hardi, dont le corps fut transporté avec celui de son père, et Anne de Bourgogne, fille de Jean sans Peur, épouse de Jean de Lancastre duc de Bedfort, dont le corps a été ramené de l'église des Célestins de Paris, en 1853.

Les statues et les bustes de la grande nef sont des apports puisés dans les églises fermées. La chaire est l'ouvrage de nos sculpteurs du jour. Les grandes orgues sont celles de l'abbatiale.

Des quatre cloches en accord parfait, celle qui donne la tierce est de 1751 et vient de la paroisse Saint-Médard, les autres sont de 1862 et sortent des ateliers lyonnais Morel.

Au pignon méridional du transept est une petite chapelle du Sacré-Cœur, primitivement dédiée à saint Bénigne par le curé Riambourg, qui la fit construire.

Dans l'abside du collatéral sud, qui fait la chapelle de la Sainte-Vierge, statue, autel, peintures, vitraux, tout est moderne. Là était, anciennement, l'autel de saint Etienne.

Un couloir voisin conduit à l'escalier de la crypte et jusqu'à la sacristie, construction de 1860. Les pèlerinages à la crypte s'accomplissent surtout pendant l'octave de la fête de saint Bénigne. Leur renaissance, 1890, est due au pasteur zélé qui fut promu évêque de Nantes en 1896, Mgr Rouard, rappelé à Dieu en 1914. Il fit compléter la restauration de la crypte, laissée inachevée en 1858. Cependant Mgr Oury recueillait, par souscription, deux cent mille francs pour couvrir les frais de la flèche nouvelle, 1896.

A Saint-Bénigne est bien à sa place le trône des évêques de Dijon. La tombe de l'apôtre lui sert de fondement, et un gable d'honneur lui est formé des saints évêques, des abbés célèbres, des princes illustres dont l'église garde la cendre ou évoque le souvenir.

A Saint-Bénigne Dijon voit le berceau de sa civilisation, qui fut et restera chrétienne. C'est ce que témoigne le cycle des personnages de la flèche. où la ville a placé, avec le chef de l'Église Eugène III, ses autorités : Philippe le Bon et Alix de Vergy ; son clergé : saint Grégoire de Langres et Hugues d'Arc ; ses notabilités : sainte Paschasie, sainte Jeanne Françoise Frémyot de Chantal, Étienne Berbisey.

A Saint-Bénigne ont leur centre familial, avec les habitants de la paroisse, les fidèles de tout le diocèse, heureux, en des jours favorables, d'y venir voir les splendeurs de l'office pontifical et entendre les chants sacrés, élevés par la maîtrise à une beauté d'exécution, qui n'est nulle part surpassée.

Cinq fois ici l'art a consacré son génie et son effort à fixer dans le premier de nos monuments quelque chose de l'âme des aïeux. Ressaisir les traits effacés, redonner le souffle à la vie qui n'est plus, impose du labeur à celui qui prend la plume, à celui qui prend simplement le livre. Mais ce labeur invite, il mène à la source, où l'on se désaltère, après avoir gravi la montée ; il ouvre l'horizon clair et étendu, où les choses s'aperçoivent et s'apprécient.

La foi du chrétien jouit en considérant la perpétuité florissante du culte du prêtre martyr, dont toute l'histoire tient dans le récit de son supplice et de sa mort, mais dont l'œuvre est d'un prix sans limite. Dans le sanctuaire qui porte son nom, saint Bénigne a vu s'effriter son tombeau, saisir et enlever ses ossements sacrés, mais sa mémoire se garde, la vénération dont il est l'objet reste ardente, sa fête se célèbre en solennité, sa crypte se visite en dévotion, une parcelle de ses reliques à peine perceptible est entourée des mêmes vœux que naguère son corps entier. Dijon met son honneur dans une fidélité d'hommages qui ne connaît pas de déclin.

Qui parcourt ce temple, sachant bien son passé, y fait réapparaître en d'émouvants souvenirs la pléiade de corps saints qui en fut jadis le suprême décor. Partout est pieusement recherchée quelque trace, une dernière lueur des tombes ou des châsses disparues. A cette illustration ravivée s'en mêle une autre de même ordre. D'insignes reliques ont trouvé dans le monument un abri d'occasion, et leur dépôt momentané apporta un rayon de lumière qui pour la piété ne s'éteint pas. Ainsi saint Médard, le glorieux pontife de Noyon, qui arrivant à Dijon dans sa fierte fut établi à l'église alors pontificale, Saint-Étienne, dut, au pillage de cette église, chercher un refuge à Saint-Bénigne, en attendant l'heure de la proscription. Au début de juillet 1881, une importante relique de saint Bernard, acquise par les chapelains de son sanctuaire natal, fut, avant la fête de la translation, trois jours exposée à la cathédrale, au milieu d'ovations enthousiastes. De juillet 1918 à septembre 1920, la châsse de saint Remi de Reims reposa sous le toit de son ancien gardien, devenu l'évêque de Dijon et, pendant cet intervalle, Mgr Landrieux fit porter pour un moment près de sa chaire épiscopale le trésor confié à ses mains.

Pour nos églises, les sépulcres des saints, un peu de leur cendre, seront toujours les diamants enchâssés dans l'ouvrage. Un vers latin gravera cette pensée :

SANCTORUM TUMULIS DECUS EXTULIT ARA PERENNE.

TABLE

et

RÉSUMÉ CHRONOLOGIQUE

901 à 923 Le corps de saint Bénigne est porté à Langres, à Saint-Vincent du castrum 30

940 Un *martyrium munitum* est aménagé dans la crypte et enveloppe le tombeau 30

1001 De concert avec Brunon, évêque de Langres, l'abbé Guillaume élève l'ÉGLISE LOMBARDE 33

L'église Lombarde comprend : 1° l'église majeure ; 2° sous l'église majeure, la crypte dédiée à St Bénigne ; 3° au chevet de l'église majeure, la rotonde de Ste-Marie, contenant quatre oratoires : St-Jean-Baptiste, Ste-Marie, La Trinité, St-Michel.

Le tombeau de saint Bénigne est dégagé des cloisons du *martyrium munitum* 34

1017 Consécration de l'église majeure — Translation du corps saint 35

1018 Consécration de la rotonde de Sainte-Marie 36

1031 Halinard, abbé de Saint-Bénigne, maintient les prérogatives du cimetière 42

1100 Chute de la tour centrale de l'église lombarde 42

L'abbé Jarenton bâtit l'ÉGLISE ROMANE 43

L'église Romane comprend : 1° l'église majeure reconstruite aux trois quarts : 2° les abside et absidioles lombardes conservées ; la rotonde également conservée.

1107 Consécration de l'église romane 44

1137 L'église romane incendiée 45

1147 Deuxième consécration de l'église romane rebâtie — La rotonde reçoit des étages romans, sur ses trois tours 46

Nouvel aménagement du sépulcre 52

1271 Chute pour la seconde fois de la tour centrale de l'église — Conservation miraculeuse du corps saint 53

Liste des Églises

bâties à Dijon au cours des siècles

Les Israélites incrédules ont donné motif au Sauveur de proférer cette plainte : « Les renards ont leurs terriers et les oiseaux leurs nids, mais le Fils de l'homme n'a pas où reposer sa tête ». Les Chrétiens, empressés de recevoir le Dieu qui est venu s'établir parmi les Nations, ont multiplié les églises à l'égal des étoiles du ciel. Dans l'universelle démonstration de foi, voici le bilan glorieux de la cité dijonnaise :

Plus de cinquante églises ont été élevées au cœur de la ville ou dans ses faubourgs. La triple liste qui suit les énumère.

Églises existantes, servant au culte. - Saint-Bénigne, jadis abbatiale, maintenant cathédrale ; Saint-Jean, Notre-Dame, Saint-Michel, Saint-Pierre, Saint-Paul, Saint-Joseph, Sainte-Jeanne de Chantal : églises paroissiales. Les quatre dernières sont d'érection récente, et celle de Saint-Pierre succède, quant au vocable, à une église détruite, désignée plus loin. Parmi les nombreuses chapelles existantes sont à signaler : Notre-Dame de la Charité, à l'Hôpital général ; Sainte-Anne, à l'Hospice du même nom, ancienne rue Sainte-Anne ; la chapelle du nouveau Carmel et celles de l'établissement des Dames Pérard, de l'École Saint-François de Sales, du Couvent de Notre-Dame de la Providence. La rotonde dédiée en l'honneur de sainte Anne fut, à l'origine, l'église des Cisterciennes ou Bernardines et avait alors pour titulaire Notre-Dame de Tart. Les maisons de bienfaisance ou d'éducation sont presque toutes pourvues d'une chapelle.

Églises existantes, désaffectées. — Saint-Etienne, collégiale, cathédrale de 1731 à 1792, rue Vaillant ; Saint-Philibert, voisine de Saint-Bénigne ; Saint-Nicolas, rue d'Assas : anciennes églises paroissiales (Saint-Nicolas fut d'abord l'annexe d'une église du même nom, située plus au nord, et détruite dans les travaux de fortification) ; l'église des Jésuites, du titre de l'Assomption de N.-D. et Saint-Bernard, rue de l'École-de-Droit ; l'église des Ursulines, du titre de l'Annonciation de N.-D., rue Chancelier-l'Hôpital ; l'église des Dominicaines ou Jacobines, du titre de Sainte-Catherine de Sienne, près la place d'Armes, sud-ouest ; la Magdelaine, église de la Commanderie de l'ordre de Malte, établissement d'abord voisin de Saint-Pierre, détruit pour les besoins des fortifications, et reconstruit à l'endroit où se joignent les rues Hernoux et Amiral-Roussin (Les bâtiments de la Commanderie contiennent la chapelle du Petit-Saint-Bénigne, érigée dans une tour du *castrum*, et regardée comme étant formée de la prison de saint Bénigne) ; — l'église de l'ancien Carmel, du titre de Saint-Joseph, à la jonction des rues Sainte-Anne et Victor-Dumay.

Églises détruites. — La Sainte-Chapelle, collégiale de N.-D. et Saint-Jean l'Evangéliste, place Rameau : sanctuaire que rendit célèbre la possession d'une Hostie miraculeuse ; Saint-Médard, église paroissiale, rue Vaillant ; Saint-Vincent, chapelle de secours, cour Saint-Vincent ; Saint-Pierre, église paroissiale, à la jonction des rues Pasteur et Chabot-Charny ; l'église de la Nativité de N.-D. et Saint-Julien, dans le monastère bâti au bas de la rue Chabot-Charny et réunissant les Bénédictines de Rougemont (Côte-d'Or) avec celles de Saint-Julien-sur-Dheune ; l'église de Saint-Lazare, dans la maison des Lazaristes, faubourg Saint-Pierre ; la chapelle de la Belle-Croix, rue d'Auxonne ; l'église N.-D. de Liesse, au couvent des Minimes, à la jonction des rues Dubois et Saumaise ; la chapelle du Bon-Pasteur, dans l'asile des Repenties, rue Saumaise ; l'église de la Visitation de N.-D. et Saint-François de Sales, dans l'ancien monastère des Visitandines, en partie occupé par les sœurs de Sainte-Marthe, rue de la Préfecture ; l'église de Sainte-Anne, au couvent des Capucins, route de Langres, emplacement de la caserne Vaillant ; la chapelle du Petit-Clairvaux, boulevard de la Trémouille ; la chapelle de l'Hôpital Saint-Fiacre, ouvert aux pèlerins, rues Vauban et du Palais ; l'église des Frères Mineurs ou Cordeliers, du titre de la Conception de N.-D., rue Turgot ; l'église de Saint-Jacques le Majeur, au couvent des Dominicains ou Jacobins, lieu du marché public ; l'église de Saint-Thibault et Sainte-Marguerite, au couvent des Oratoriens, rue Bossuet ; la chapelle de l'Épiphanie, au séminaire Saint-Charles Borromée, place Saint-Jean et rue Piron ; la Chapelle-au-Riche, collégiale, de l'Annonciation de N.-D., rue Berbisey, vis-à-vis la rue Victor-Dumay ; la chapelle des sœurs de Sainte-Marthe, vouées au service des prisonniers et des malades, rue Berbisey ; l'église de la Nativité de N.-S., vulgairement de l'Enfant-Jésus, au couvent des Carmes, rue Crébillon, emplacement du monastère actuel des Visitandines ; l'église du Saint-Cœur de Marie, chez les religieuses de N.-D. du Refuge, rues Berbisey et de la Manutention ; la chapelle du Petit-Citeaux, au bas de la rue Saint-Philibert ; l'église Saint-Jacques de Trimolois, très ancienne église paroissiale, au midi de la ville actuelle, lieu dit « En Saint-Jacques » ; l'église Saint-Germain avec la chapelle de Saint-Antibes, au prieuré de Larrey ; l'église de la Trinité, à la Chartreuse ; l'église Saint-Martin-des-Champs, très ancienne église paroissiale, au nord de la ville, près du Suzon.

La Châsse de saint Bénigne

La châsse de saint Bénigne, magnifique ouvrage d'orfèvrerie, avait un peu plus de deux mètres de long et soixante-dix centimètres de large. Elle reposait sur six lions. Du centre de la toiture s'élevait un pinacle, portant la statuette du martyr entouré de quatre chiens, rappel d'un de ses supplices et du miracle qui l'avait préservé de la dent des bêtes. Chacun des grands côtés de la châsse présentait sept arcades, celle du milieu plus élevée que les autres et toutes surmontées d'un gable. Les arcades encadraient des statues. Sur le côté qui regardait l'orient, on voyait au centre Notre-Seigneur siégeant en majesté, faisant de la main droite le geste du Maître, tenant de la gauche le globe orné de la croix ; trois apôtres étaient à sa droite, trois à sa gauche. Sur le côté qui regardait l'occident, on voyait au centre la Sainte Vierge, assise, couronnée, tenant l'Enfant sur son giron ; trois apôtres étaient à sa droite, trois à sa gauche. Les statues étaient d'argent doré, avec mains et visage de carnation. Des scènes retraçant les tourments et la mort du martyr occupaient les extrémités de la châsse, ainsi que la toiture.

L'élan artistique des siècles treizième et suivants détourna les yeux et les cœurs des vieilles cryptes, des sépulcres plongés dans l'ombre ou la nuit même. L'abandon des oratoires souterrains priva les âmes des souvenirs pénétrants qu'elles y puisaient mieux qu'ailleurs. Mais, en compensation, quelles réflexions salutaires suggérait la vue d'une châsse comme celle de saint Bénigne ! Des ossements du martyr étaient constitués gardiens Notre-Seigneur, sa Mère et ses Apôtres. Et si cette garde divine n'empêchait point, à moins d'un miracle, les ossements d'être réduits en poussière ou dispersés, mystérieusement elle les conservait, avec leur germe de vie éternelle, jusqu'au jour de la grande « Relevation », la résurrection glorieuse.

Notes explicatives

par ordre alphabétique

Abside, *apsis, absis, absida,* nom donné, dans les édifices religieux, à la partie, semi-circulaire ou à pans coupés, parfois carrée, qui termine les nefs du côté du chevet.

L'abside, unique, à l'origine, était comme bâtie hors d'œuvre, appliquée à la construction principale et moins élevée qu'elle. Pendant des siècles, elle fut, dans les églises non pourvues d'une crypte et où se gardait un corps saint, l'asile du tombeau : l'autel de la basilique était érigé en deçà de l'abside, dans le sein de l'édifice.

S'il n'y avait pas de tombeau saint, l'autel était porté plus avant, non jusque sous la voûte de l'abside, mais sous l'arcade qui en formait l'entrée.

Par le terme d'abside étaient encore désignés, anciennement, des édicules décoratifs, en bois et lames de métal, qui couvraient les tombeaux saints.

Agaune, *Agaunum*, ville des Nantuates, aujourd'hui Saint-Maurice, village de Suisse, dans le canton du Valais.

En 286, Maximien-Hercule se transporta de l'Orient dans la Gaule, à la tête d'une armée, par ordre de Dioclétien, dont il était alors le collègue. Ayant franchi les Alpes, il laissa ses troupes respirer un instant, dans le Valais, et profita de cette halte pour offrir des sacrifices aux dieux. Parmi les détachements du corps d'armée se trouvait une

6

cohorte auxiliaire, que l'hagiologie appelle Thébéenne, et qui avait pour chefs Maurice, Exupère et Candide. Tous les hommes de la cohorte étaient chrétiens. Sur leur refus de prendre part aux sacrifices, ils furent d'abord décimés ; mais, comme ils n'en restèrent pas moins inébranlables dans la foi, l'empereur les fit massacrer tous, n'hésitant pas à sacrifier plusieurs centaines d'hommes pour assouvir sa fureur. La ville d'Agaune, où campaient les Thébéens, fut le théâtre de cette exécution sanglante.

Une basilique fut dédiée en ce lieu l'an 352. Saint Sigismond, roi de Bourgogne, la rebâtit vers 515, et vécut quelque temps, dans les pratiques de la pénitence, au sein de l'abbaye adjointe à cette église.

Arête, terme qui figure dans l'expression « voûte d'arêtes ». Le lecteur qui désire une explication à ce sujet, considérera la Planche représentant l'intérieur de l'église actuelle. Chaque travée de la voûte contient des nervures diagonales, croisées, qui produisent quatre compartiments ou voûtains, triangulaires. Les nervures sont des ogives et, avant l'emploi des ogives, les quatre voûtains, en se reliant entre eux, formaient un angle saillant, à vive arête. Ce fut le genre de voûtement dit voûte d'arêtes.

Autel, *altare*, *ara*, désigne proprement, chez les chrétiens, la table de pierre, de marbre ou de porphyre, sur laquelle le saint sacrifice est offert, et dont le support varie pour la matière et la forme. Le même terme, surtout le mot latin *altare*, a parfois une signification plus étendue et se réfère à la chapelle, l'oratoire, l'église, qui renferme l'autel.

Primitivement le maître-autel, de dimensions restreintes, sans gradin ni tabernacle, toujours détaché des murs, pouvait recevoir le célébrant sur n'importe laquelle des deux grandes faces. L'usage suivi d'abord et qui s'est maintenu dans plusieurs basiliques de Rome, notamment à Saint-Pierre, est que le célébrant se place, nous devons dire, pour éviter une équivoque, derrière l'autel, constamment en face des assistants.

Les autels s'étant multipliés, les religieux célébrèrent

aux autels secondaires la première des deux messes quotidiennes, prescrites par la règle, et l'autel adopté — qui variait suivant les circonstances — reçut le nom d'autel matutinal. A Saint-Bénigne, étaient préférés pour cet usage l'autel de la Croix, érigé dans la nef, un peu en avant de la grande grille du chœur, et celui de saint Blaise, qui semble avoir occupé, derrière le maître-autel, un étroit espace entre l'église majeure et la rotonde. L'autel de saint Blaise fut supprimé à l'époque des constructions gothiques.

Dans les basiliques élevées sur un tombeau saint, il y eut « l'autel du corps saint ». Le tombeau était placé en long et de façon que les pieds du défunt fussent du côté du levant. Si l'édifice n'avait pas de crypte, le saint reposait dans l'abside, ayant, quand l'orientation était régulière, l'autel principal à sa tête, *ad caput*, (voir Abside) et c'est à ses pieds, *ad pedes*, qu'était érigé l'autel particulier du corps saint. A Saint-Denis, où l'autel majeur était sous le vocable de Saint-Pierre et Saint-Paul, les trois martyrs, au septième siècle, avaient leur tombe dans l'abside, et saint Éloi, après avoir couvert cette tombe d'un monument d'orfèvrerie, fabriqua un autel, qui fut placé aux pieds du corps de saint Denis : *altare extrinsecus ad pedes sancti martyris fabricavit.* GESTA DAGOBERTI. — Dans plusieurs cryptes cette ordonnance fut adoptée. En 859, à Auxerre, le corps de saint Germain, descendu un peu auparavant dans une crypte, y était entouré des tombeaux de nombreux personnages vénérés comme saints. La place d'un de ces tombeaux est ainsi indiquée dans un document : « du côté des pieds (du pontife), c'est-à-dire au levant, près de l'autel » : *a parte pedum, id est plaga orientali, secus aram.* HÉRIC. — A Trèves, au onzième siècle, en rouvrant la crypte de saint Paulin, qui avait été longtemps fermée, on y trouva un autel aux pieds du saint et cet autel faisait corps avec le sarcophage : *altare quoddam non magnum ad pedes sancti patris, sarcofago ejus compactum.* ACTA SS, *t.* II *oct.*

On aimait à se tenir aux pieds et sous le regard des saints, que l'on vénérait dans leurs sépulcres. Telle fut l'impression éprouvée par saint Paulin de Nole, ce pontife lettré que l'on sent, quand on lit ses ouvrages, si heureux de glorifier les saints par le tribut des arts non moins que par les hommages de la piété. Dans son ardente dévotion pour saint Félix, dont la ville de Nole possédait les reliques, il ne se contenta pas des quatre basiliques construites en l'honneur de ce prêtre martyr, il en voulut une cinquième. Il la bâtit au levant de celle dont le chevet renfermait le tombeau saint, et il l'établit sur le même axe. Mais il l'orienta en sens inverse, plaçant chevet contre chevet, au lieu de tourner l'édifice — lui-même en prévient — du côté où prévalait déjà, à la fin du quatrième siècle, l'usage de le faire. Son but était de mettre le saint et les fidèles face à face, de manière à se voir. C'est pourquoi les deux chevets reliés furent soigneusement ajourés et permirent aux regards de plonger de chacune des deux basiliques dans l'autre. Et saint Paulin, satisfait du résultat, se plait, en décrivant son œuvre, à montrer saint Félix qui, de son tombeau comme d'un trône, contemple triomphant les foules agenouillées à ses pieds dans la nouvelle église.

Basilique, *Basilica*. Appliqué aux lieux saints, — chez les auteurs anciens — ce nom désigne des édifices de toute dimension, bâtis sur un tombeau saint, dans un cimetière, en un lieu consacré par quelque évènement mémorable. Il désigne aussi, surtout au delà des Alpes, les édifices destinés aux assemblées paroissiales, lesquels, généralement, se nommaient plutôt « églises ».

La basilique primitive était une construction assez simple. *Oblongam habeat (basilica) quadraturam, lateribus longioribus, brevioribus frontibus.* St Aug. *Migne*, P. L. t. 34, col. 659. Ce texte de saint Augustin la représente comme un bâtiment rectangulaire, à deux pignons ou façades, la façade de l'entrée et celle du chevet. Sidoine Apollinaire, parlant de la basilique de saint Juste, à Lyon, (Ve siècle) la qualifie *capacissima basilica... cincta diffusis cryptoporticibus*, « basilique très spacieuse, flanquée de larges portiques (collatéraux) » Mon. G. H. VIII, p. 90. — Deux monuments dijonnais rappellent les antiques basiliques : la grande salle du Palais de justice et l'église Sainte-Chantal. Les constructeurs de cette église l'ont modelée sur le type basilical et ils ont, pour ce motif, laissé apparents les bois de la charpente.

Dans les basiliques, devant le sanctuaire, longtemps appelé *presbyterium*, presbytère, s'étendait le chœur, où se plaçaient les chantres, *schola cantorum*, et dans les monastères, les religieux, dans les collégiales, les chanoines.

Le sanctuaire et le chœur étaient clos par des balustrades ; leur ensemble formait le *septum*, « endroit clôturé », ou, au pluriel, les *septa*, ayant à droite et à gauche des espaces accessibles aux fidèles et appelés « transept », nom que, par extension, nous donnons — considérant les divers corps de bâtiment des édifices agrandis — à tout le vaisseau transversal du haut de nos églises.

Des religieux ou des chanoines réguliers desservaient d'ordinaire les basiliques des saints.

Berceau, nom donné à un genre de voûte. La voûte en berceau figure dans la Planche où est représenté le tombeau de saint Bénigne. Elle couvre l'emplacement du sépulcre, à partir des colonnes que surmontent les curieux chapiteaux ornés des emblèmes évangéliques. Elle est entamée de chaque côté par des pénétrations, qui sont nécessitées par la communication établie entre la partie centrale de l'hémicycle et les deux parties adjacentes. Ces pénétrations se rencontrent fréquemment dans les voûtes en berceau. Le berceau continu qui, dans la rotonde, couvre la nef circulaire supérieure, c'est-à-dire, la plus proche du centre, a des pénétrations sur tout son circuit.

Chorévêque, titre qualifiant autrefois certains membres de l'administration diocésaine.

Dans l'organisation ecclésiastique primitive, l'évêque gouvernait son diocèse assisté d'un archidiacre. Cet auxiliaire était, suivant le terme, le premier des diacres, il n'était pas prêtre et ne le devenait qu'en perdant sa charge. Vers le cinquième ou sixième siècle, en nos pays d'occident, les évêques, empruntant les usages orientaux, adjoignirent à leur archidiacre des chorévêques, « évêques ruraux ». Ni le nom ni la tâche n'impliquaient nécessairement le caractère épiscopal. Le rôle des chorévêques fut plus spécialement spirituel, et celui de l'archidiacre, temporel.

Lorsque les paroisses se furent multipliées, l'administration diocésaine comporta plusieurs archidiacres, qui désormais purent être revêtus du sacerdoce. Alors Dijon eut un archidiacre, et le Dijonnais forma l'un des archidiaconnés du diocèse de Langres. En même temps, les chorévêques disparurent, et leur charge passa à des « doyens ruraux », mis à la tête d'un groupe de paroisses, qu'on appela doyenné, et qui fut une subdivision du domaine administratif de l'archidiacre. L'archidiaconné de Dijon comprit originairement les doyennés de Dijon, de Bèze, de Fouvent, de Grancey et de Saint-Seine. Mais le titre de doyen rural ne fut pas, dans le principe, attaché aux églises qui sont devenues décanales ; il fut donné d'abord par l'évêque à un ecclésiastique de son choix. En maints endroits, et parmi nous, à Langres, à Dijon, le doyen du lieu était dit « doyen de la chrétienté », synonyme citadin de doyen rural, servant à distinguer le doyen membre de l'administration diocésaine d'autres doyens coexistant au même lieu, doyen du chapitre, doyens (à Dijon) de la Sainte-Chapelle, de la Chapelle-au-Riche, etc.

Les fonctions des doyens ruraux rappellent sans doute celles des chorévêques. Elles consistaient à installer les curés, à faire exécuter les décisions épiscopales, à réunir au synode les prêtres du doyenné.

L'église qui, à Dijon, devint décanale, fut Saint-Jean.

Ciborium, mot latin, admis dans les langues modernes, désignant le dais ou baldaquin du grand autel. Le terme grec dont il est formé, est le nom d'une plante, et d'une coupe faite avec la feuille de cette plante. Une certaine analogie entre les dais primitifs et ladite coupe renversée, a motivé l'appellation en usage. Quatre supports, des colonnes généralement, soutenaient le *ciborium*.

Croix. La croix est figurée de plusieurs façons. Deux manières sont à considérer par rapport au plan des églises. Des deux pièces qui sont les éléments de la croix, la pièce transversale peut être *mise avec* l'autre en simple jonction, *commissa* : la croix est alors à trois branches, semblable à la lettre T. La même pièce peut être *mise dans* l'autre par trajection, *immissa* : dans cette forme, la croix a quatre branches, et elle est dite aussi *quadrangula* « à quatre angles ».

Dans certains édifices la croix se dessine mieux à l'intérieur qu'à l'extérieur. Extérieurement le niveau des toits n'est pas le même aux quatre branches, parce que le monument a plus d'élévation dans la branche inférieure, partie qui répond au bâtiment primordial des basiliques.

Fierte, du latin *feretrum*, désigne proprement le cercueil muni d'une civière, appelée souvent *scala*, laquelle sert à le transporter. Mais le mot est devenu à peu près synonyme de châsse, bien que ce second terme rappelle ordinairement un objet plus précieux pour la matière et le travail. L'expression « Lever la fierte » était très usitée autrefois, à propos des processions ou des voyages dans lesquels figuraient les corps saints.

Gable, faîte ornemental, posé sur une arcade, une baie, une niche, et affectant la forme triangulaire. Le gable achève et ennoblit le membre d'architecture auquel il appartient. Dans le style gothique, des gables, très élevés et riches de sculpture, ont remplacé le fronton classique, qui reparut à la Renaissance. Le champ des frontons ou des gables est le *tympan*, orné de bas-reliefs, de mosaïques, d'inscriptions.

Martyrium, mot latin, qui a cours dans les langues modernes et désigne, ainsi que d'autres, *confessio*, *memoria*, la sépulture d'un martyr. Lieu, d'ordinaire apparent et accessible, le *martyrium* a dû quelquefois, dans la crainte d'une profanation, être complètement dissimulé derrière des cloisons. Alors l'expression *martyrium munitum* a servi pour le désigner.

Ogive, *arcus augivus* (de *augere* augmenter), arc de soutien, de renfort. Ce nom convient et appartient en propre à chacun des deux arcs croisés en diagonale, que l'on voit sous les voûtes carrées ou barlongues. Avant le douzième siècle, des architectes eurent l'heureuse idée de substituer des arcs aux arêtes vives qui divisaient les quatre compartiments de ces voûtes : ce fut au bénéfice de la solidité, de l'ampleur et de l'élévation du voûtement. Ces arcs, sinon dès le principe même, bientôt du moins, furent tracés avec une brisure, au lieu de garder la courbe régulière du plein cintre. Par le fait donc le terme d'ogive désigna deux arcs brisés. Il advint qu'on l'appliqua à tous les arcs brisés, à toutes les baies ou archivoltes brisées, et que le style historiquement dit *gothique* fut appelé style ogival, parce que la brisure y remplace presque partout le plein cintre. On a réagi et on le fait encore contre cette extension, qu'on trouve illégitime, du terme d'ogive. Réussira-t-on à réformer sur ce point le vocabulaire couramment suivi ? Est-ce bien nécessaire de tenter cette réforme ? Il est à propos néanmoins d'être renseigné sur ce qu'est précisément l'ogive, en même temps que sur sa place et sa fonction dans l'édifice.

Les quatre arcs qui encadrent la voûte, dans chaque travée, et dont les retombées se rencontrent avec celles des ogives, ont leur nom particulier : les arcs qui traversent la nef sont appelés « doubleaux » et les arcs latéraux, « formerets ».

Orientation. Pour la plantation des édifices sacrés, l'usage qui semble avoir prédominé d'abord en Occident fut de placer le sanctuaire au couchant. Mais, dès avant le cinquième siècle, l'usage inverse tendit à prévaloir, et il prévalut effectivement. Les *Constitutions apostoliques* (Ve siècle) prescrivent de mettre le sanctuaire au levant. La règle s'établit conformément à cette prescription.

Les Romains orientaient généralement leurs temples ; ils se tournaient vers le soleil levant, pour offrir les sacrifices. Les images des dieux, baignées dans la lumière du jour naissant, leur semblaient se montrer favorables à leurs vœux : c'est la remarque formelle de Vitruve. *De Architectura, lib.* IV, c. V. Mais l'orientation pratiquée par les chrétiens s'inspirait d'un symbolisme plus élevé. Le soleil qu'ils envisageaient était le « Soleil de justice », N.-S. Jésus-Christ ; la lumière, objet de leurs hommages et de leurs prières, était la lumière spirituelle, celle dont le Sauveur s'est donné le nom : « Je suis la lumière du monde », celle dont le plein jour appartient à l'éternité.

L'ordre matériel lui-même conseilla l'orientation. Pour certaines prières on devait se tourner vers l'orient. Tertullien rappelle cet usage en remarquant qu'il faisait dire aux païens que le soleil était une divinité des chrétiens : *alii solem christianum deum aestimant, quod innotuerit ad orientis partem facere nos precationem.* AD NAT. I, 13. D'autre part, pendant des siècles, le célébrant et ses ministres se tenaient à l'autel, suivant notre manière de dire, derrière, pour faire face eux-mêmes à l'assistance. Si le sanctuaire était au couchant, toute l'assistance avait donc à faire volte-face pour les prières à réciter tourné vers l'orient, tandis que ce mouvement n'était imposé qu'au célébrant et à ses ministres, avec l'autel au levant.

Une fois admise l'orientation, le célébrant et ses ministres en arrivèrent à se placer devant l'autel, comme il est maintenant d'usage. Il était juste d'ailleurs de se tenir tous, clercs et fidèles, vis-à-vis les saintes images, vis-à-vis le tombeau saint, lorsqu'il occupait l'abside.

Origines de l'Église de Lyon. — La question des origines de l'église de Lyon offre un grand intérêt pour nous, parce que le christianisme a été propagé dans notre pays par les missions dont cette métropole a été dès sa fondation un foyer très actif.

La fondation et l'organisation canonique de l'église de Lyon datent du milieu du deuxième siècle.

Métropole de la Celtique, cette cité était en rapport, administrativement avec Rome, centre de l'empire, et commercialement avec tout l'Orient : dans son sein, la population étrangère, romaine, grecque, syriaque, etc., était considérable. Lyon connut donc de très bonne heure l'avènement de la religion qui allait transformer le monde, et l'arrivée à Rome du prince des Apôtres.

Au début du deuxième siècle, ainsi que le relate Eusèbe de Césarée, beaucoup d'entre les disciples des Apôtres s'expatrièrent, afin de poursuivre l'œuvre de l'évangélisation universelle. A la propagation de la vérité chrétienne fut consacrée leur vie entière. Dès qu'ils avaient créé des églises nouvelles, ils en remettaient le gouvernement à des pasteurs sédentaires, et allaient prêcher plus loin.

C'est à cette seconde mission apostolique que la chrétienté lyonnaise dut sa naissance et son organisation. Parmi les missionnaires que Lyon a reçus, se trouvèrent en nombre important des *asiates*, grecs habitant l'Asie proconsulaire, laquelle comprenait deux provinces, celle d'Asie et celle de Phrygie. Les relations de l'église de Lyon avec l'Asie proconsulaire sont célèbres. Aux églises de cette contrée fut adressée par les chrétiens de Lyon et en des termes filials, la relation du martyre dont leur cité fut le théâtre, l'an 177. De ces mêmes églises, un peu plus tard, saint Irénée prit la défense devant le pape Victor, à l'occasion de divergences pour la date de la solennité pascale.

Un courant de communication intime entre l'église lyonnaise et les églises d'Asie explique l'arrivée à Lyon de saint Irénée et d'autres asiates restés, historiquement, inconnus, qui dans leur jeunesse avaient été disciples de saint Polycarpe.

Mais c'est à cela, à l'envoi d'un contingent de missionnaires, puis de jeunes clercs qui, comme saint Irénée, furent dans la métropole même promus à des ordres plus élevés — c'est à cela que s'est bornée l'intervention des églises d'Asie et de leurs chefs, dans l'établissement de nos églises.

L'institution et l'organisation canoniques sont parties de Rome. Les évêques itinérants, qui érigèrent des sièges épiscopaux, ne l'ont fait, dans les Gaules, et partout après la mort du dernier survivant des Apôtres, que munis de l'autorisation du pontife romain. Et à propos de saint Polycarpe, on lit, dans les écrits de son disciple saint Irénée, que « les Apôtres lui confièrent le gouvernement spirituel *de l'Asie* (évidemment la province portant ce nom) en l'établissant évêque dans la ville de Smyrne ». Sa juridiction ne s'étendit pas plus loin.

Lors donc que saint Pothin fut *mis à la tête* de l'église de

Lyon — c'est le terme que contient la Lettre rédigée en cette église pour relater le martyre de 177, et envoyée en Orient — le fait se sera accompli selon le mode régulier, alors en vigueur. Voici la série des actes : l'élection du sujet était faite par le clergé, l'assentiment des fidèles était demandé, l'autorité supérieure compétente intronisait l'élu, et le caractère épiscopal lui était conféré s'il ne l'avait pas.

Sainte-Marie. Tel est le nom qui fut primitivement donné, en Occident, aux sanctuaires et aux autels de la Sainte Vierge. Celui de Notre-Dame prévalut ensuite, au cours du moyen âge.

Les autels de Notre-Dame devinrent nombreux, souvent dans une même église. A Saint-Bénigne, six autels portaient ce vocable, dans les siècles qui précédèrent la Révolution : trois étaient dans la rotonde et ses annexes, trois, dans l'église gothique. Les premiers : N.-D du Saint-Lieu, N.-D de Bon-Secours, N.-D de la Crypte; les autres : N-D de Bonne-Nouvelle (de l'Annonciation), N.-D de Baume, N.-D de la Tour ou des Gloriettes.

Ce n'est pas à l'un de ces autels qu'était déposée l'image de N.-D d'Étang, lorsque, transportée à Dijon, elle séjournait à l'église abbatiale. La chapelle qui lui servait de sanctuaire était celle des Douze Apôtres, démolie à la suite de la Révolution. Cette chapelle, fondation des Bauffremont, était bâtie en hors-d'œuvre, près de la Tour des cloches.

Tombes gravées. Parmi les tombes de ce genre qui ont fait partie du pavé de Saint-Bénigne, et que le conservatisme moderne a levées et dressées contre les murs, trois ont été signalées à l'attention : celle de Guillaume Sacquenier, celle du prince Wladislas de Pologne, celle d'un chevalier, sire d'Éguilly.

Les deux premières présentent de petits personnages, des religieux, sur les montants du dais, qui abrite l'effigie du défunt. C'est le thème décoratif, suivi surtout au quinzième siècle.

Aux quatre angles de la tombe de Guillaume Sacquenier

sont gravés les emblèmes du chérubin d'Ezéchiel, pour désigner les quatre vertus cardinales.

La tombe du chevalier ne diffère pas du type bien connu des plates-tombes de ses congénères.

Ces trois pierres funéraires se trouvent à main gauche, en entrant à l'église par la porte latérale.

On voit, vis-à-vis dans le collatéral nord, deux autres pierres non moins intéressantes : celle des deux moines Pierre Henry et Jacques Perchet, dignitaires de l'abbaye au commencement du quinzième siècle, et celle du premier président au Parlement de Bourgogne, Claude Le Fèvre, mort en 1566.

La tombe du président offre un dessin style Renaissance. Dans le couronnement figurent deux femmes, qui sont les allégories de la Religion et de la Charité, vertus caractéristiques du défunt. Dans les montants du dais apparaissent deux pleurants, ces deuillants si communs dans nos monuments funéraires.

C'est le style gothique qui s'épanouit toujours sur la tombe des deux moines. Au sommet sont représentés trois personnages, parmi lesquels on reconnaît, au milieu, saint Jacques le Majeur, et à la droite de saint Jacques, saint Bénigne.

A l'un des deux moines, à Jacques Perchet, se rattache un souvenir concernant l'édifice. Ce religieux desservait, pour les messes, la chapelle érigée sous la tour du collatéral nord, chapelle de N.-D de la Tour ou des Gloriettes, et il l'avait fait orner de peintures et d'inscriptions.

Tombes sculptées. Pour bien connaître les tombes sculptées de Saint-Bénigne, il est nécessaire de recourir à l'*Épigraphie bourguignonne* de Gab. Dumay. Ces tombes, à l'exception du cénotaphe de Mgr Rivet, proviennent toutes d'églises qui ont été fermées à la Révolution.

La plus remarquable des tombes sculptées est celle du président Jean de Berbisey, appuyée au mur du collatéral sud. Les deux statues de la Religion et de la Justice en pleurs, assises au pied du tombeau, sont très estimées.

Vitraux. Les vitraux signés d'Édouard Didron sont assez recommandés par cette signature même.

Afin de lire aisément, dans la grande abside, ceux qui occupent l'étage d'en bas, quelque lecteur, peut-être, aura besoin d'être averti que l'on doit commencer à main gauche, nord, par la fenêtre la plus rapprochée de l'autel, côté de l'évangile, lire de gauche à droite, les deux médaillons d'en bas, puis les deux d'en haut, passer du côté opposé, midi, côté de l'Épître, lire de la même manière, — revenir au nord, etc.

Dans la chapelle du Saint-Sacrement, un des médaillons contient une scène qui, sans explication, deviendrait vite obscure. Le sujet, qui appartient à l'histoire locale, est le touchant transfert du Saint-Sacrement, accompli dans le voisinage de la ville, au moment de l'invasion allemande de 1870-1871. L'ennemi arrivait et allait s'établir dans l'église. Le curé était absent. Qui va prendre le Saint-Ciboire et le transporter en lieu sûr ? Un homme prit dans ses bras un enfant, l'innocence en personne, et l'enfant, ayant retiré du tabernacle le *Corpus Domini*, suivant le terme ancien, tint fermement dans ses petites mains le trésor sacré, et un pieux cortège s'achemina vers la demeure choisie pour lui servir d'asile.

Les vitraux de la chapelle de la Sainte Vierge ne sont pas de Didron.

Une monstrance eucharistique

ou ostensoir

de l'église Saint-Bénigne

La description qui suit est extraite des Inventaires du Trésor de Saint-Bénigne. Les termes désignant les pierres précieuses ou leur prix en numéraire ne sont pas surannés, et ils seront compris. La riche pièce d'orfèvrerie dont il s'agit était un don de l'abbé Alexandre de Montagu.

Une statuette de saint Jean-Baptiste, posée sur un pied, le tout d'argent doré, formait la monstrance. Le saint portait sur sa main gauche, et désignait à l'attention par le geste de sa main droite, un disque d'or, au milieu duquel était un agneau entouré des quatre évangélistes. Au-dessus du disque il y avait une croix d'or, avec un diadème d'argent, laquelle renfermait une parcelle de la vraie croix. Sur le devant du disque il y avait trois saphirs estimés dix ducats d'or, deux camées valant quatre ducats d'or, et deux péridots valant deux ducats. Tout autour régnait une couronne de vingt-quatre feuilles de chêne, d'argent doré.

A l'intérieur du disque était un croissant, pour mettre le *Corpus Domini* le jour de la Fête-Dieu. Trois chevilles d'argent servaient à le fermer.

Sur le pied portant la statuette étaient les armes d'Alexandre de Montagu avec deux crosses.

Ce qu'il y a lieu d'admirer ici c'est surtout l'idée, si ingénieuse et si chrétienne. Au quatorzième siècle, les orfèvres, ainsi que les architectes et les sculpteurs, voulaient, aux avantages utilitaires de leur art, joindre ceux qui résultent d'une idée instructive et édifiante, bien rendue. Le Précurseur, qui annonça au monde la présence du Sauveur promis, qui le désigna par ces mots : *Ecce agnus Deï*, convenait merveilleusement pour signaler la présence réelle du même Sauveur, dans l'Eucharistie.

En voyant saint Jean-Baptiste porter l'Hostie divine, les prêtres éprouvaient le besoin de croître en sainteté et de se montrer de plus en plus dignes de la sublimité de leurs fonctions.

ORDRE
des Tombeaux dans la Crypte

La V. Alette
mère
de St Bernard.
Trois religieux
massacrés
avec
l'Abbé Bertilon.

Ste Radegonde.
Argrimus
évêque
de Langres.
Isaac
évêque
de Langres.

Garnier
évêque de Langres.

St Hilaire
et
Ste Quiète

Ste Paschasie
et
Ste Floride

Saint
Eustade

SAINT
BÉNIGNE

Saint
Tranquille

St Jacques
évêque de Toul

Le V. Abbé
Bertilon

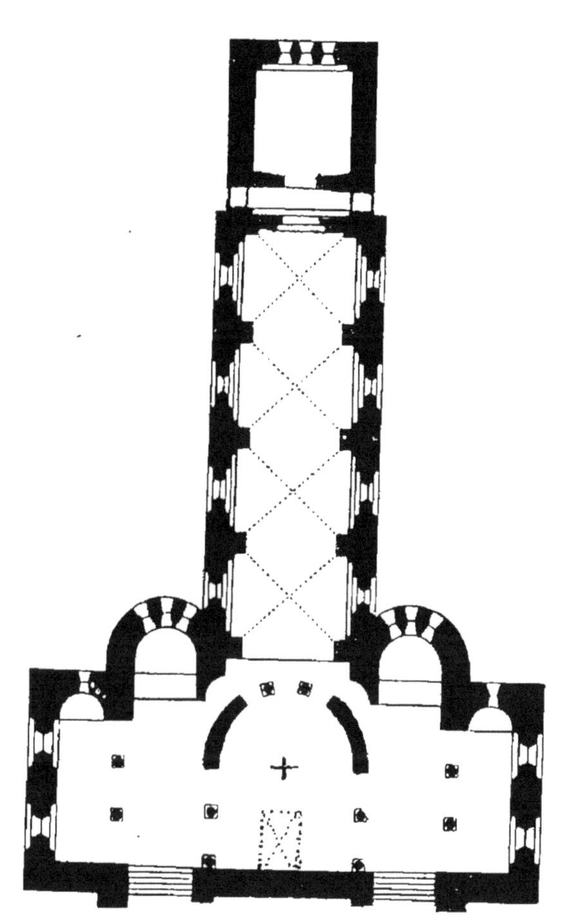

LA CRYPTE DE SAINT-BÉNIGNE A L'ÉPOQUE CAROLINGIENNE

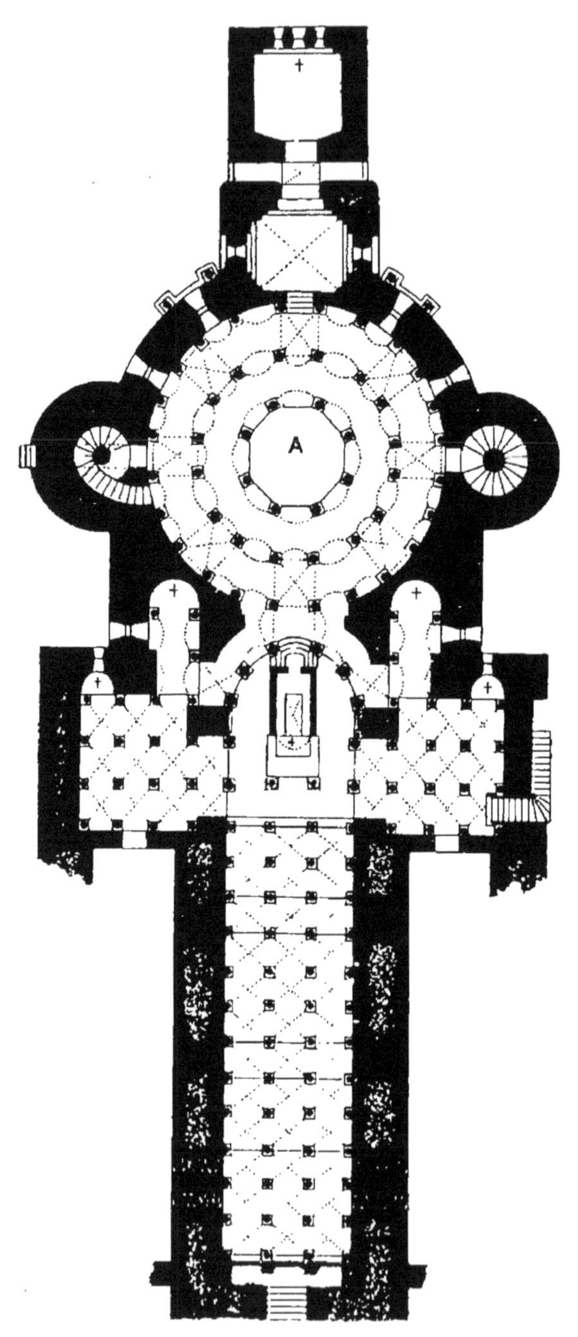

LA CRYPTE DE SAINT-BÉNIGNE DU XIe SIÈCLE A LA FIN DU XIIIe

A) Rotonde de Sainte Marie, étage souterrain

COUPE DE LA ROTONDE DE SAINT-BÉNIGNE, SUIVANT LE GRAND AXE DE L'ÉGLISE

LA ROTONDE DE SAINTE-MARIE A L'ÉPOQUE ROMANE

LE TOMBEAU DE SAINT BÉNIGNE APRÈS LE XIIIe SIÈCLE

FAÇADE PRINCIPALE DE L'ÉGLISE SAINT-BÉNIGNE, 1896

INTÉRIEUR DE L'ÉGLISE SAINT BÉNIGNE, 1896

RÉCHAUD DE LA FLÈCHE DE SAINT-BÉNIGNE, 1896

Paroles de Lumière

qui étaient gravées
Au-dessus de la Porte du cloître

« Tout ce qui se voit doit prendre fin ; seule ne peut avoir de fin la Divine Majesté. — Dieu dit : Je suis la Fin, je suis le Commencement et le Créateur du monde. »

Conclusion

Seigneur,
Maître éternel,
Mon principe et ma fin,
A vous ma pensée,
A vous l'œuvre de mes mains.

www.ingramcontent.com/pod-product-compliance
Ingram Content Group UK Ltd.
Pitfield, Milton Keynes, MK11 3LW, UK
UKHW021551260726
13993UKWH00002B/768

9 782329 197470